高校辅导员工作理论与实践

朱　敏◎著

中国原子能出版社

图书在版编目（CIP）数据

高校辅导员工作理论与实践 / 朱敏著． -- 北京 ：
中国原子能出版社，2022.9
　　ISBN 978-7-5221-1519-1

　　Ⅰ．①高… Ⅱ．①朱… Ⅲ．①高等学校－辅导员－工
作－研究 Ⅳ．① G645.1

中国版本图书馆 CIP 数据核字（2022）第 161988 号

高校辅导员工作理论与实践

出版发行　中国原子能出版社（北京市海淀区阜成路 43 号　100048）

责任编辑　王　蕾

责任印制　赵　明

印　　刷　北京天恒嘉业印刷有限公司

经　　销　全国新华书店

开　　本　787 mm×1092 mm　　　1/16

印　　张　12.25

字　　数　206 千字

版　　次　2022 年 9 月第 1 版　　　2022 年 9 月第 1 次印刷

书　　号　ISBN 978-7-5221-1519-1　　**定　价** 72.00 元

作者简介

　　朱敏，女，汉族，1982年5月生，广东省广州市人，毕业于广东工业大学本科双专业学历，现任教于广州城市职业学院，思想政治教育讲师，高级职业指导师，人力资源管理师，心理咨询师。研究方向为思想政治教育，发表论文十余篇。

前　言

习近平总书记在全国高校思想政治工作会议上发表的重要讲话中提到"围绕学生、关照学生、服务学生"。这也是《普通高等学校辅导员队伍建设规定》对辅导员工作的要求。从高中走到大学，角色的转变意味着心智、品性的转变，大学生像刚长成的小树苗，虽然生命旺盛、富有朝气，但同时也需要修剪、扶持，才能向阳成长。在这个过程中，辅导员扮演了不可或缺的植树人的角色，"围绕学生、关照学生、服务学生"便是植树人最实在的工作方针。伴随着大众化高等教育的发展，大学生在学业、心理、生活、就业等方面的需求越来越多元化和个性化，高校的学生管理工作也逐渐独立、规范，越来越需要专门的组织和专业人员进行统一管理。在此背景下，高校辅导员有其特殊的历史使命：把大学生培养成为社会主义事业的合格建设者和可靠接班人。高校辅导员是促进高校发展的重要力量。辅导员与大学生的生活、学习息息相关，是高校人才培养的组织保证。本书将从高校辅导员工作理论与实践方面来论述辅导员的工作。

本书共六章。第一章高校辅导员概述，分别介绍了高校辅导员概念、高校辅导员的发展历程、高校辅导员的工作职责与内容和高校辅导员"引路人"的作用；第二章为高校辅导员与大学生思想政治教育，内容为大学生思想政治教育的重要性、大学生思想政治教育的现状和对策和大学生思想政治教育与辅导员；第三章为高校辅导员与大学生心理辅导，论述了心理健康概述、大学生常见的心理问题、大学生心理健康教育的重要性和大学生心理危机与预防；第四章为高校辅导员与大学生日常管理工作，介绍了大学生日常管理工作概述和大学生日常管理的重要内容与关键环节；第五章为高校辅导员与党建和班级建设，分别介绍了大学生党支部建设、班级建设和学生干部的培养与管理；第六章为高校辅导员与大学生就业指导，分别介绍了大学生职业生涯规划、毕业生就业指导工作和基于数据化思维探究毕业生就业指导工作。

在撰写本书的过程中，作者得到了许多专家学者的帮助和指导，参考了大量的学术文献，在此表示真诚的感谢。本书内容系统全面，论述条理清晰、深入浅出，但由于作者水平有限，书中难免会有疏漏之处，希望广大同行及时指正。

作者

2022 年 4 月

目 录

第一章　高校辅导员概述

随着国家教育政策的不断变化，高校辅导员作为高校教师队伍中的重要组成部分，其地位和作用也发生了明显转变。本章节分别从高校辅导员概念、高校辅导员的发展历程、高校辅导员的工作职责与内容和高校辅导员"引路人"的作用几个方面展开深入论述。

第一节　高校辅导员概念

1987 年出版的《教师百科辞典》对学生辅导员的定义进行了阐释，认为学生辅导员是高等教育基础政治工作干部，同时对其基本的教学任务进行了明确，即在共产党的领导下开展学生思想政治教育工作，促进学生的全面健康成长，同时协调学校各个方面的力量，全面做好高校思想政治工作①。

《简明思想政治教育辞典》同样对学生辅导员做出了详细的解释，它认为学生辅导员是高校党组织派到各个年级，从事思想政治教育工作的基层干部，通常情况下一个辅导员负责大约 120 名的学生。在工作中结合具体工作需求，提拔那些思想政治觉悟高、具有一定政治理论水平及政治工作能力、有朝气、具有大学文凭的教师或者高年级学生中的共产党员担任学生辅导员。《简明思想政治教育辞典》也对高校辅导员的职责和工作任务进行了明确阐述，具体包含以下几个方面：第一，在日常教学工作中宣传马克思主义、毛泽东思想以及党的政策路线方针，同时做好学生日常思想政治教育工作；第二，帮助、引导学生解决日常思想问题；第三，组织、引导学生开展有益的课外活动；第四，帮助学生解决学习生

---

① 《教师百科辞典》编委会．教师百科辞典 [M]．北京：社会科学文献出版社，1987：333．

活中的困难；第五，发现并培养学生骨干；第六，协助党、共青团的工作；第七，参与对学生的奖惩工作[①]。

《中国大百科全书（教育卷）》同样对高校辅导员进行了相应的阐述，它认为高校辅导员是我国的高校基层政治工作干部，其主要职责是对大学生进行思想政治教育[②]。

1996 年出版的《教育大辞典》对辅导员进行了具体的定义，并指出高校辅导员是思想政治辅导员，是我国高校专门从事学生思想政治工作的基层干部。高校辅导员结合高校人才培养目标和培养计划，在日常工作中对学生展开思想政治教育工作[③]。

2006 年发布的中华人民共和国教育部令第 24 号——《普通高等学校辅导员队伍建设规定》，也对辅导员的定义进行了概述，指出高校辅导员不仅是高校教师队伍的重要组成部分，同时也是高校教师管理队伍的重要组成部分，他们具有教师、干部的双重身份。在高校思想政治教育中，高校辅导员发挥骨干力量的作用，是高校学生思想政治工作的组织者和实施者，辅导员应成为大学生学习生活的知心朋友[④]。所谓的专职辅导员主要指高校院系中专门从事学生日常思想政治教育工作的基层干部，如院系党委副书记、学工组长以及团委书记等人，他们具有教师和干部的双重身份。

2014 年 3 月发布的《高等学校辅导员职业能力标准（暂行）》对高校辅导员的定义进行了全面阐释，其定义主要采用的是《普通高等学校辅导员队伍建设规定》中的定义。

总的来说，高校辅导员具有双重身份，即教师和干部。同时，高校辅导员是大学生思想政治工作的组织者、实施者以及指导者。是在学校或学院党组织的领导下结合高校人才培养目标，促进学生全面健康发展的一线工作人员，其中包括

① 宋子端，等.简明思想政治教育辞典 [M].郑州：河南人民出版社，1989：89.

② 中国大百科全书（社会学）编委会.中国大百科全书：社会学 [M].北京：中国大百科全书出版社，1991.

③ 顾明远.教育大辞典 [M].上海：上海教育出版社，1990.

④ 教育部思想政治工作司.加强和改进大学生思想政治教育重要文献选编：1978—2014[M].北京：知识产权出版社，2015：344.

院系学生工作负责人、团委负责人及专职辅导员等。

第二节 高校辅导员的发展历程

我国高校辅导员产生于 20 世纪 30 年代，在当时被称之为政治指导员。中国工农红军大学于 1933 年成立于瑞金，这是一所军事化管理的大学，每个中队都配有一名政治指导员，他们负责学院的日常生活、思想教育等工作，这也是我国高校辅导员的前身。1949 年新中国成立之后，我国政府结合国情提出了"教育服务于政治"教育理念，在这样的大环境下我国与 1951 年颁布了《关于全国工学院调整方案的报告》，并明确提出建立政治辅导员制度，并在高校院系安排专人担任政治辅导员。1952 年教育部颁发《关于在高等学校有重点地试行政治工作制度的指示》，为推动高校政治辅导员制度起到了积极作用，在指示中明确强调为了加强政治领导、优化思想政治教育，高校应有计划的建设、实施政治辅导员制度。同时，在指示中也明确要求高校应建立政治辅导处，并设置一定数量的辅导员，以此来推动高校学生思想政治工作[①]。1953 年 4 月，清华大学率先设立政治辅导员，为成为全国高校的示范，这在一定程度上也标志着我国高校政治辅导员制度的正式确立。

《教育部直属高等学校暂行工作条例（草案）》颁布于 1961 年 9 月，在该草案中正式提出在我国高校配置政治辅导员。该草案明确规定在大一、大二年级中设立政治辅导员或者是班主任，同时各大高校还要加强专业政治辅导员队伍的建设与培养。随着我国高校政治辅导员制度的实施，教育部于 1965 年 3 月颁布《关于政治辅导员工作条例》（以下简称《条例》），该条例的出台使高校政治辅导员的地位和作用得到了法律保障，同时此条例的颁布与实施在一定程度上标志着我国高校政治辅导员制度已经形成。在改革开放之后，社会经济复苏，高校辅导员制度也得以恢复，与此同时其作用和地位也发生了一定的变化，并朝多元化方向发展。教育部于 1978 年 4 月出台了《全国普通高等学校暂行工作条例》，并明确规定要在高校一、二年级中建设一支业务能力强的政治辅导员队伍，要求他们在

---

① 王小红. 高校辅导员工作的理论与实践 [M]. 北京：北京大学出版社，2010：6.

负责大学生日常思想政治教育工作的同时，不断提升自身专业能力①。这标志着我国高校政治辅导员制度开始恢复。随着我国高校政治辅导员制度的深入实施，在随后两年中又陆续出台了一系列文件，其中较为重要的有1980年4月教育部颁布的《关于加强高等学校学生思想政治工作意见》，还有1981年7月教育部分出台的《高等学校学生思想政治工作暂行规定》。这两个文件中都在不同程度上强调了大学生思想政治教育工作开展的重要性，并强调加快建设高校政治辅导员队伍的脚步。为了进一步推动我国高校政治辅导员制度的实施，1983年部分高校开设了思想政治教育学科，专门培养思想政治教育工作人员，这为高校辅导员人才培养提供了更加专业的教育平台。

国家教委结合我国高校实际情况以及高校政治辅导员制度建设情况，于1986年、1987年出台了两份重要文件，分别是《选配品学兼优的应届毕业生充实高等学校思想政治教育工作队伍的通知》《关于加强党务和思想政治工作队伍建设的若干意见》。这两个文件的出台在无形中为高校辅导员队伍建设指明了方向，如辅导员培养目标、岗位培训、素质要求等。自此之后，高校辅导员拥有了与高校教师同等的待遇，他们不仅被纳入高校教师体系，同时也与高校其他教师一样享受职称聘任的待遇，高校辅导员不仅是思想政治教育工作者，同时也是高校教育工作者，且高校辅导员的这种双重身份得到了法律的保障。为了进一步规范高校专职辅导员队伍建设，2000年7月我国教育部出台了《关于进一步加强高等学校学生思想政治工作队伍建设的若干意见》，这为我国高校辅导员队伍建设提出了建设性意见，同时也是我国高校辅导员队伍建设朝着正规化、专业化的方向发展。

高校辅导员制度经过不断的发展演变，高校辅导员的内涵与外延也发生了一定的变化。中共中央、国务院为了推动我国高校辅导员队伍建设，于2004年8月出台了《关于进一步加强和改进大学生思想政治教育的意见》（中发〔2004〕16号），在文件中第一次提出高校辅导员职业化、专家化的发展思路。教育部于2005年1月颁布了《关于加强和改进高等学校辅导员、班主任队伍建设的意见》，再次强调了高校辅导员的重要性，他们是开展大学生思想整治教育工作的组织者，

① 教育部思想政治工作司.加强和改进大学生思想政治教育重要文献选编：1978—2014[M].
北京：知识产权出版社，2015：3.

同时对高校辅导员的教师地位进行了明确。2006 年 4 月在北京召开了全国高校辅导员队伍建设大会，大会上不仅明确了新时期高校辅导员队伍建设的新要求，同时也肯定了高校辅导员在高校思想政治教育、职业生涯规划、学生事务管理以及学生心理健康教育等方面的作用。此外，大会上也明确肯定了高校辅导员的双重身份。此次大会为我国高校辅导员发展提供了广阔的空间。

2006 年我国正式实施《普通高等学校辅导员队伍建设规定》（以下简称《规定》）（教育部〔2006〕24 号令），《规定》的全面实施标志着新世纪辅导员制度建设的创新和完善。此阶段"政治辅导员"的称呼改为了"辅导员"，随着高校辅导员队伍建设在政策和制度上的完善，辅导员队伍不断壮大，结构越来越趋向合理，辅导员的归属感和身份认同感也越来越强。在工作内容上，辅导员由最初的突出政治工作中心转变为围绕育人为本、坚持以学生为中心、为学生成长成才服务。我国教育部于 2014 年 3 月颁布了《高等学校辅导员职业能力标准（暂行）》（以下简称《标准》），《标准》中对高校辅导员的性质、工作职责、作用等进行了全面阐释，为我国高校辅导员队伍的发展起到了积极作用。此外，《标准》的出台标志着"高等学校辅导员"有了具体的职业定义和职业名称，同时也在法律上对其职业标准、职业守则进行了规范，是一个受法律保护的职业。

第三节　高校辅导员的工作职责与内容

辅导员工作的开展需要建立在"立德树人"的基础上，有计划、有目的地开展大学生日常思想政治教育、生活指导以及组织管理等具体工作。从而为大学生创造良好的学习成长环境，培养学生的实践能力和创新精神，使其成为符合社会发展需求的有用之人。

一、思想引领

（一）学习和运用政治理论

高校是为我国社会主义事业发展培养人才的重要基地，高校辅导员作为高校教学队伍的重要组成部分，务必要完成党、国家和人民赋予的神圣使命，将大学生培养成符合社会主义事业发展要求的人才，使他们在思想上经得起考验。想要完成这一神圣使命，高校辅导员要加强自身政治理论知识的学习，坚定自己的政治立场和方向，并在此基础上用马克思主义、毛泽东思想武装自己。此外，高校辅导员也要树立正确的人生观和价值观，认真学习党的纲领，时刻关注国内外形势与政策，提升自身的政治敏锐性和洞察力。

（二）不断进行自我更新

高校辅导员作为高校教师队伍的重要组成部分，也应当树立终身学习的观念，不断完善、扩充自身的思想政治理论知识体系。通常情况下，高校辅导员需要具备多方面的知识能力，掌握必要的专业知识，同时也要精通文学、心理学、法学、史学以及管理学等。自进入 21 世纪之后，终身学习和终身教育理念已经成为教育界重要的教育理念之一。尤其是随着信息时代的快速发展，知识信息的更新、传播速度较快，我们每个人都随时会面临新知识的挑战，为了使自身更好地适应当前高校教育的发展节奏，高校辅导员务必要具有终身学习的理念，在掌握原有知识的基础上，不断学习、掌握新的知识内容。除此之外，高校辅导员除了学习理论知识内容之外，还应提升自身各种学习能力与技术，提升自身的学习效率。只有这样辅导员才能在学习中感受终身学习的奥义，并将其传授给学生，在不知不觉中帮助学生树立终身学习的理念。

二、发展指导

（一）进行心理健康教育与咨询

随着社会经济的快速发展，大学生就业市场竞争日益激烈，同时大学生在学习生活中遇到的问题也层出不穷，这在无形中造成大学生心理压力过大，进而产生各种心理问题。在这种情况下，如何尽快提高大学生的心理素质，增强大学生承受各种心理压力和及时处理心理危机的能力，已成为当前高校迫切需要解决的问题。当前高校心理健康教育面临两大任务：一是在大学生中普及心理健康知识；二是对心理异常的大学生进行心理指导与治疗。无论是心理健康知识的普及，还是对心理异常的学生进行心理治疗，都离不开辅导员的参与。但从实际情况来看，当前高校辅导员心理辅导水平与高校心理健康教育目标之间还有较大的差距，大部分高校辅导员并未经过专业系统的心理学知识学习，无法准确解读大学生的心理问题，也无法制定有效的心理问题解决方案。面对大学生心理问题的日益激增，高校辅导员倍感无助，这为其工作的开展造成一定困扰。为此高校辅导员应加强心理健康教育学习，提升自身心理辅导能力。

（二）指导学生学习和选择专业及课程

学生进入高校，最先接触和熟悉的是辅导员，辅导员往往会对大学生产生重要的影响。尤其是一些高校实行按类招生、分段培养的教学改革模式，要求学生学完基础课以后，按兴趣和务实性选择自己喜爱的专业，学生往往要征求辅导员的意见。高校为培养学生综合素质，要增开许多选修课供学生选择，这些都需要辅导员给予明确而有见地的指导。因此，学生辅导员应熟悉本系专业课程和本校主干学科课程的专业知识，能够指导学生掌握课程选择的层次，设定规范化、循序渐进的选课顺序，以保证学习知识的完整性和系统性。对学生专业选择的指导，应注重专业的实用性和价值性，要求辅导员及时掌握国家发展的大政方针和经济形势可能对专业选择的影响。

（三）从事教学和研究

1. 从事教学

部分素质较好的高校辅导员在管理、服务学生的同时，也会承担学校思想政治教学任务。高校思想政治理论课教学是承担大学生思想政治教育的主渠道。为此高校辅导员应具有较好的教学能力，并且可以熟练使用各种多媒体教学工具，从而更好地引导大学生形成正确的社会主义信念，提升党和国家的向心力。

2. 研究

第一，调查研究。如果想要提升思想政治教育效果，需要对学生有充分的了解，这也是高校辅导员开展思想教育工作的前提与基础。从具体上来讲，高校辅导员需要了解大学生的思想状况、个性特点、生活情况以及学习情况等，并在此基础上开展思想教育工作，这样才能做到有的放矢。为此高校辅导员应善于与学生沟通，从日常生活中的点滴小事了解学生的具体情况，并对所掌握的情况进行深入的分析，以此全面了解大学生的思想动向与成长规律。

第二，理论研究。高校辅导员的思想政治教育工作堪称一门艺术，它需要高校辅导员具有较好的创造性，同时它有属于一门学科，其教学理论需要在实践中检验，但是当前我国高校思想政治教育工作的理论研究进程并不是十分理想，在当下这个复杂多变的社会，高校学生管理工作面临越来越多的不可控因素，这就要求高校辅导员在日常工作中积累更多的素材，不断总结教学管理经验，同时进行理论研究。通过理论研究总结大学生国内思想政治教育工作中存在的问题，探寻高校大学生思想政治教学规律，并预测未来高校大学生思想政治教育工作开展的趋势，不断提升高校大学生思想政治教育工作效果。

（四）指导毕业生就业

学生学习的最终目的是为社会进步提供合格人才。因此，摆在学生面前最现实、最直接的问题就是如何在毕业后尽早、尽快地就业。学生就业率的高低，除受学生自身能力和学校教学水平影响外，辅导员的指导也非常关键。它要求辅导员在日常的学生管理教育和训练中，帮助学生进行职业生涯规划，使他们一进入学校大门，就能积极为以后就业创造条件，扫清障碍。辅导员就业指导不能等到学生毕业最后一个学期进行，应在学生管理中尽早进行。就业指导内容应包括求职的一般程序、应注意的问题、求职对象的选择、应办理的就业手续等，使学生掌握就业的本领，积累就业信息，联系就业单位，获取就业所必需的各种证件等。

三、生活指导

（一）应对突发事件和复杂局面

在高校教学环境中，辅导员与学生的交流沟通频繁，在对大学生日常生活管理过程中将会遇到各种突发事件，高校辅导员在面临此类突发事件时，应准确把握突发事件的形势，采用有效的方法引导事件朝着好的方向发展，为此这就需要高校辅导员具备审时度势、临危不乱、当机立断的能力。当面临突如其来的重大灾难事件、治安案件等重大事件时，辅导员应扮演好学生"主心骨"的角色，沉着冷静地处理突发事件，保护学生安全、稳定学生情绪，引导事件朝着好的方向发展。高校辅导员想要具备这样的能力，就需要他们在日常生活中勇于面对各种复杂的局面，并不断积累经验，提升其应对突发事件和复杂局面的能力。

（二）进行网上教育引导

随着互联网的快速发展，网络已经成为大学生生活的一部分，无法分割，这在一定程度上也拓宽了高校大学生思想政治教育工作的途径，同时网络也成为大学生接受思想政治教育的主要阵地之一。高校辅导员应具有较强的信息意识，合理利用网络开展大学生思想政治教育工作。尤其是近年来，各种网络信息影响着大学生的价值观，同时大部分大学生的网络信息辨别意识并不是很强，所以高校辅导员要帮助大学生学会鉴别网络信息，通过网上教育的引导，使他们学会如何利用网络学习。

（三）促进学生全面协调发展

进入 21 世纪之后，教学理念也发生了翻天覆地的变化，传统教学中学生处于被动学习地位，而随着教学理念的改革，学生逐渐成为课堂教学的主体，其自主性得到充分发挥。在现代教学理念环境下，教师和学生处于平等的地位，这就要求高校辅导员在开展工作时具有新型的师生观，并转变传统的教学观念，即专业教师负责知识教学，辅导员负责学生日常生活和思想教育的观念，高校辅导员应积极协助专业教师提升学生学习的积极性和主动性，与此同时帮助学生掌握科学的学习方法。此外，新时期高校辅导员还应从学生角度出发提出各种切合实际的问题解决方案，促进学生健康全面的发展。另外，新时期也要求高校辅导员具有全新的知识结构、思维方式和精神面貌，为此高校辅导员应在教学、管理实践中不断提升自己，使自身符合新时期高校辅导员的要求。

（四）创新创造

创新能力是高校辅导员必备的能力，尤其是在这个快速发展的时代，高校辅导员如果没有创新能力，无论其知识结构，还是管理方式都将无法适应社会发展的需求。从具体上来讲，辅导员创新能力主要体现在以下几个方面：

1. 理念意识的创新

高校辅导员需要经常接触新鲜事物，从而拓宽自身的知识领域，提升思维能力。善于从普通的事物中发现其不平凡之处，利用自身创造性思维获得新的知识。

2. 工作模式的创新

在开展思想教育工作时，高校辅导员在坚持基本政策的基础上，结合大学生的实际情况，创新工作模式，提升大学生思想政治教育效果。

3. 工作方式的创新

高校辅导员在开展大学生思想政治教育工作时，也要实现工作方式的创新，改变传统命令式的管理方式。在坚持以人为本、以生为本的前提下，以满足学生需求，促进学生全面发展作为工作目标，制定科学合理的工作方式。但是我们需要注意一点，创新并不等于异想天开，所以工作方式的创新需要结合实际工作情况，切勿脱离现实教学情况。

（五）开展权益教育

权益指的是在校大学生理应享受到的权益。权益是一种受法律保护的权利和利益。大学生在上大学的过程中应享有的权利，就是所谓的大学生权益。大学生的主要权益有七种，它们分别是使用权、知情权、选择权、监督权、奖贷权、就业权和申诉权。

①使用权是指大学生在受教育的过程中使用学校的教室、教学设施、教学设备、图书馆的电脑、图书、报刊等权利。

②知情权是指大学生对学校的前身及以后的发展、学校的师资力量、在校生人数、自己所在专业的发展方向等情况都有知悉的权利。

③选择权是指按照学校招生简章和学校有相关规定，大学生可以任意选择自己喜欢的专业、任意选择自己喜欢的课程等权利。

④监督权是指大学生学校教师的教学质量、对学生的负责任的程度等情况进行监督的权利。

⑤奖贷权是指大学生符合国家规定而获得的奖学金、助学金等的权利。

⑥就业权是指修完学业、修满学分，不违反学校规章制度，允许毕业，应当享有大学生该有的就业权利。

⑦申诉权是指因违反学校规章制度，对学校给予的处决有异议，可以向学校提出申诉，这是每个犯过错误的大学生该享有的权利。

为了让大学生能够正确认识权益和使用权益，高校辅导员应该让大学生意识到：权益和义务是相对应的；必须在社会和所在学校的制约下才可以享用权益；当权益发生冲突时，权益的享受是相对的。

（六）进行消费与理财教育

合理的消费与正确的理财对大学生健康的成长起着至关重要的作用。因此，辅导员现在的工作重点是帮助大学生进行合理的消费和正确的理财引导，使其健康成长。

1. 合理的消费

进入大学生活之后，学生所接触的人和事都有了一定的改变，他们的消费观念也发生了相应变化，尤其是在这个网红经济发展迅速的时代，虽然大部分大学生的消费观念是正确的，但是仍有一部分大学生存在错误的消费观念，在虚荣心的作祟下出现攀比、炫富、过度消费等现象。为了杜绝大学生的这种错误消费观念，树立正确的消费观，高校辅导员有必要进行一定的干预、引导，从具体上来讲可以从以下几个方面入手：

①加强对在校大学生消费观的心理教育工作，使他们养成正确的消费观。

②注重对大学生进行消费引导，同时协助大学生结合自身实际情况制定正确的消费原则。

③开展多样化教育，让大学生养成良好的消费习惯，进而形成正确的消费观。

2. 正确的理财

对于大学生扣除每月的基本生活消费以后所剩余的钱该怎样处理呢？有的大学生进行过度的消费，把一学期家里父母给的生活费一下子挥霍完，造成了后面的几个月没有基本的生活保障。为了防止上述现象的发生，辅导员应引导大学生要有正确的理财观念，帮助大学生进行正确的理财。在校大学生一般的理财方式是把钱存进银行。

四、组织管理

高校辅导员要掌握大学生的身心发展特点，对大学生进行正确的价值引导，并在此基础上做好学生日常事务管理工作，不断规范大学生的行为，促进大学生全面健康地发展。

（一）观察分析

高校辅导员想要掌握学生的思想动态，需要学会观察与分析，做一个有心人。具体而言需要做到以下几点：第一，高校辅导员要学会透过事物现象看本质，切勿被外表现象所迷惑。通过对学生外在行为的观察，找到其行为产生的根本原因，进而了解学生的思想活动。第二，高校辅导员还要通过大学生个别行为，看到其倾向性行为，并采取相应的措施将其不良行为扼杀在摇篮之中。例如，高校辅导员在与学生沟通时，个别学生反映某一学科的课程听不懂，此时辅导员应意识到问题的严重性，是不是班级中还有其他学生也存在这样的问题，通过私下的调查找出其问题的根源，并制定针对性的解决方案。这样不仅避免了事态的恶化，同时也可以在无形中降低辅导员的工作负担。第三，高校辅导员应透过简单的问题看到相应的隐患。在大学生日常管理中，辅导员要运用发展、联系的眼光看待问题，及时消除事件背后的安全隐患，使管理工作由被动变为主动。第四，高校辅导员还要透过实际问题看到思想问题，加强大学生日常管理中的思想教育工作，提升大学生的思想觉悟。

（二）疏导说理

高校辅导员还应具有较好的政治理论水平，与此同时具有较强的疏导说理能力。首先，运用大道理来说服学生。这里所说的"大道理"主要指的是马克思列宁主义、毛泽东思想等一系列社会主义思想。在运用大道理的过程中，辅导员要坚持正面灌输的原则，并利用大道理营造用大道理、讲大道理、信大道理的氛围。其次，运用方针政策说服学生。高校辅导员需要认真理解党的方针政策，并运用党的方针政策作为说服学生的依据，此外我们需要注意，在开展日常管理工作时切勿采用哄骗、矛盾上交等方法。再次，运用事实说服学生。俗话说"事实胜于雄辩"，通过事实来讲道理是开展思想政治教育工作的一个有效方法。最后，运用典型说服学生。无论是教师，还是学生，榜样的力量不可小觑，它就像一面旗帜为我们指引前进的方向。高校辅导员在日常管理中运用大学生所熟知的典型，可以增加其信服度，提升管理水平。

（三）人际关系的协调

一方面，协调自己与学生、学生与学生之间的人际关系，积极营造和谐的学习、工作和生活环境。教育过程实质上是一个人与人双向活动的过程，这种活动有效进行的前提就是活动的双方能够做到相互理解，并善于进行交流和沟通。要与大学生进行充分的、面对面的思想沟通和情感交流，引导学生之间进行交往与合作，积极地投入全面的教育活动之中。特别是针对当前大学生低龄化、阅历浅、好奇心强、依赖心重、思想容易受情绪支配等特点，辅导员更要用自己的满腔热情给予他们充分的关怀和指导，使他们形成良好的道德情感体验和道德判断。

另一方面，辅导员要处理好自身与领导、同事之间的人际关系。思想政治教育是教育集体共同努力的结果，辅导员是其中的协调者。应当善于团结自己的同事一起工作，发挥党团组织、班主任（班导师）、任课教师、学生家长在学生教育中的作用，取人之长，补己之短，从而提高工作效率。

（四）领导管理

高校辅导员还应具有较强的领导管理能力，从而更好地调动大学生的积极性和主动性，提升大学生集体的凝聚力，这对大学生各种工作的开展有积极意义。

1. 做好安全管理

大学生远离家乡，在缺少家人陪伴的情况下步入社会，加之大学生安全意识薄弱，增加了大学生的安全隐患，这也为高校辅导员的大学生日常管理工作增加了难度。为此高校辅导员要定期组织学生开展安全教育活动，尤其是在考试期间和放假期间。同时辅导员还要提醒学生养成良好的生活学习习惯，学会处理不同的人际关系。此外，引导学生养成良好的安全意识，提升其自身的安全保护能力。

2. 做好行为管理

随着时代的发展，大学生的个性得到张扬，他们的平等意识、自我意识以及民主意识更加强烈，为此高校辅导员在日常管理中应弱化管理的刚性色彩，增加管理的弹性色彩，并在此基础上通过搭建平台、政策引导等方式实现人性化管理。例如，开展各种实践活动，提升大学生的团结友爱精神及爱国主义情怀。又如，通过评优、评先等政策，引导学生养成良好的学习习惯。

3. 做好评优管理

高校辅导员在开展大学生日常管理工作时，要合理运用评优政策的导向作用，引导学生形成良好的行为作风，如积极向上、团结友爱等。高校辅导员应采用多样化的评优方式，如学生互评、自我评价、他人评价、教师审核，抑或是采用多种方式结合的评优方式，并将这些评优方法运用到"优秀共产党员""优秀班级干部""优秀共青团员"等评优活动中，以此培养大学生积极参与社会工作的积极性。另外，在评优活动开展中，还应当坚持公平、公正、公开的原则，发挥高校辅导员的作用培养学生全面发展的观念。

4. 做好组织管理

结合当前大学生个性化突出、自我意识强烈的现象，高校辅导员应该加强学生党团组织以及学生会的指导工作，充分发挥学生党支部的政治、组织优势，开展好党员培养、发展、考核等工作，丰富大学生思想政治教育工作。另外，调动学生会的积极性，开展丰富多彩的思想政治教育活动。完善班集体和社团的建设，强化学生组织和学生骨干队伍的建设，积极打造一支业务能力强、素质水平高的学生骨干队伍，提升学生的组织和凝聚力。

（五）统筹规划

一般情况下，大学生来自五湖四海，由于地区教育程度的影响，大学生的思想基础以及生活学习习惯有一定的差异，加之当代大学生个性化意识较强，为此高校辅导员在开展工作时需要从全局出发，合理制订、安排工作计划，并在工作中善于抓主要矛盾和关键环节，结合不同阶段学校教学工作重心以及学生的实际情况，有计划地开展工作。

（六）科学决策

当代大学生的思维十分活跃，同时他们获取知识的渠道和方式也呈多样化特点，这也使当代大学生形成了丰富的知识储备，所以他们对某一问题往往有自己独特的看法。另外，大学生的世界观逐渐完善，趋于定型，但是大部分大学生的世界观依然不够稳定，具有较大的可变性。在这样的环境下，高校辅导员还需要面临世界观未定型的大学生，所以辅导员要时刻保持清醒的头脑，在工作中要对大学生进行全面分析，然后锁定行动目标、制定科学的行动方案，进而采取直接有效的措施。为此高校辅导员可以按照当时的工作重点，制定科学合理的决策方案，并付诸行动。

（七）表达方式

具有一定的语言表达能力是教师职业必备素质，然而高校辅导员语言表达能力并不局限于教学语言的使用能力。高校辅导员的工作环境是一个多变的环境，而这主要缘于大学生所处场所的变化。所以当辅导员的工作场所发生变化时，其使用语言的目的也就发生了一定的变化，进而要求辅导员使用符合当前工作场所的语言表达方式。例如，在召开学生会议时，辅导员的语言使用要善于抓重点，讲话要切中要领，同时还要具有一定的鼓动性。当与大学生谈心时，辅导员的语言表达方式也要随之变化，此时便不能像开学生会议时那样，而要使语言呈现出热情、耐心、细致，同时具有浓烈的人情味，让大学生在谈话中感受到辅导员的那一份关心。

此外，高校辅导员在具有较好语言表达能力的同时，还要具有较强的文字书写能力。例如，辅导员所学的文章一定要有深度、逻辑性强、具有说服力，同时还能让大学生理解文章的深层含义。另外，在对学生情况以及个人工作情况进行总结时，可以做到文章逻辑性强、条理清晰。鉴于辅导员工作的复杂性和琐碎性，高校辅导员应加强自身总结归纳的能力，这在无形中影响自身的工作效率。与此同时，高校辅导员也应养成记工作日记的良好习惯，积极向素质能力好的辅导员学习经验。

第四节 高校辅导员"引路人"的作用

一、"引路人"的含义

（一）何为学生成才路上的"引路人"

之所以说高校辅导员是大学生成才路上的引路人，主要是缘于辅导员与大学生有一种特殊的关系，二者亦师亦友。在大学生日常思想政治教育和管理工作中，辅导员是主要的组织者和实施者，同时也是党的教育方针的直接执行者，辅导员着力于将德育、智育、体育、美育等贯穿于大学生学习生活的方方面面，促进大学生全面健康发展，致力于将其培养成社会主义建设者和接班人。

（二）确立这一定位的理论依据

"引路人"的定位也具有一定的理论依据。

首先，它是由高校辅导员自身所具备的素质决定的。"素质"是一个生理学概念，它主要指的是人的先天生理解剖特征，如人的神经系统、大脑、运动器官以及感知器官的特征。而本文所讲述的品质主要指的是人的品质，它与生理学概念相反，它是在后天教育中逐渐形成、完善的，如人的思想、道德、心理、知识等。《普通高等学校辅导员队伍建设规定》专门对高校辅导员应具备的素质作了明确规定，一个合格的高校辅导员不仅要政治强、业务精、作风正、纪律严，还要具有较强的组织管理能力以及语言、文字表达能力。以上这些不仅是当代高校辅导员需要具备的素质，同时也是评价高校辅导员水平的基本标准。除此之外，高校辅导员还需要具有其他方面的素养，高尚的道德水平、渊博的知识、创新能力等，只有具有这些能力才能成为大学生成才路上的引路人。

其次，它是由高校辅导员岗位职责决定的。《中共中央国务院关于进一步加强和改进大学生思想政治教育的意见》对高校辅导员的岗位职责进行了详细的阐述，并指出高校辅导员作为大学生思想政治教育的骨干力量，肩负着大学生思想、生活、学习等方面的指导管理职责。另外，2005 年我国教育部对高校辅导员岗位职责进行了进一步的明确，并颁布了《关于加强高等学校辅导员班主任队伍建设的意见》，意见中指出高校辅导员是高校从事德育、大学生思想政治教育工作的骨干力量，是当代大学生健康成长的引路人。在这样的大环境下，高校辅导员需要全面贯彻国家的教育方针政策，积极开展大学生思想政治教育工作，并通过日常管理与服务来指导学生成长，将大学生培养成符合社会主义建设培养目标的接班人。总的来说，高校辅导员对大学生的教育工作贯穿于教育、管理、服务等方面，同时高校辅导员以培养大学生成才为己任，为此将其称之为大学生成才路上的引路人毫不为过。

（三）确立这一定位的意义

将高校辅导员定义为"引路人"具有十分重要的意义，它在一定程度上深化了高校辅导员的角色，承认其在高校教学管理中的重要性，同时也在无形中对高校辅导员提出了更高的要求。

1. 丰富和深化了辅导员角色定位

随着我国改革开放的深入开展，我国高等教育得到了快速的发展，在此阶段高校辅导员起到了重要的作用。然而高校辅导员制度从形成到完善需要经历漫长的过程，目前来看我国高校辅导员制度的完善经历了多个阶段，如大学生思想政治教育工作骨干力量、高校辅导员干部与教师双重身份的确定、大学生的人生导师。总之，随着我国高校教育事业的发展，辅导员的角色定位日益科学化，我们可以将其概括为教育、管理、服务。而"引路"又贯穿于这三个过程之中，如进行大学生思想政治引导、职业生涯引导、心理健康引导等，使大学生逐渐形成良好的思想政治素质，成为一名合格的人才。从根本上来讲，大学教育就是培养学生成才的教学过程。如何实现这一教学过程是当前高校辅导员急需解决的问题，而"引路人"定义的提出，不仅丰富了高校辅导员的角色定位，同时也为其工作指明了方向。

2. 对辅导员工作提出了更高的要求

首先，随着全球化、市场化、信息化的深入发展，我国高等教育的环境发生了巨大的变化，辅导员的工作对象和环境也发生了重大变化。当代大学生的道德观和价值观日益多元化，生活方式、学习方式、就业观念、社会认知、价值取向同样也发生了巨大的改变。大学生在成长成才过程中需要哪些方面的"引导"以及如何科学"引路"都值得辅导员仔细研究和思考。在社会环境和教育对象不断发生变化的今天，辅导员必须切实把握当代大学生的特点，创新工作方法和工作载体，才能当好引路人的角色。

其次，由于时代的发展和大学生强烈的成才需求，所以对辅导员的素质也提出了更高的要求。当今社会是强调知识与能力并重的时代，要求大学生必须具备独立生活、自主学习、人际交往、动手实践、求职就业、社会适应等方面的综合能力。辅导员要做好大学生思想的引领者，引导他们学习成长、参与社会实践，培养他们健康的身心素质，引导他们做好职业生涯规划，成功地走向职场，最终成为合格的社会主义建设者和接班人。这些都要求辅导员有较高的专业化和职业化水平，尤其是在心理健康、职业辅导等方面，辅导员要不断提升自己，以满足广大学生的需求。

二、辅导员作为"引路人"应具备的基本素质

高校辅导员作为大学生思想政治教育的一线人员，他不仅担负着主要的思想政治教学任务，同时也是距离大学生最近的教师，其大部分的工作时间都是与大学生打交道，为此辅导员的一言一行会对学生产生较大的影响。为此高校辅导员素质水平的高低不仅会影响大学生思想政治教育效果，同时也直接影响高校人才培养目标是否能够实现，所以高校辅导员需要具备以下素质：

（一）良好的思想政治素质

思想政治教育工作作为党教育、组织广大人民群众实现自身利益的重要武器，从某种意义上来看，它是一种实现党的路线方针的实践活动，具有强烈的政治性色彩。所以高校辅导员想要开展好大学生思想政治教育工作，务必要具备较好的思想政治素质，这是充当好"引路人"的前提。

理论素质是思想政治素质的灵魂，所以高校辅导员需要具有较高的思想政治理论素质。第一，高校辅导员需要拥有较高的政治理论水平和正确的思想观点。这就需要高校辅导员梳理终身学习的理念，深入学习马克思主义理论、毛泽东思想，在丰富理论素质的基础上提升自身分析问题、解决问题的能力。同时高校辅

导员还应加强中国特色社会主义理论的学习，逐渐提升自身的思想理论水平。除此之外，高校辅导员还应认真贯彻和落实党的教育方针，提升自身的政策水平。第二，高校辅导员要拥有高度的社会责任感，自觉投入社会主义事业建设之中，为广大人民利益而奋斗。另外，高校辅导员还要具有较高的使命感，众所周知高校是为社会培养、输送人才的重要场所，它关系着国家未来的发展，为此高校辅导员应将思想政治教育工作放在国家战略的位置，积极创新日常教育、管理、服务方法，为党和国家培养优秀的人才。

（二）高尚的道德素质

良好的道德素质是人才构成的基本条件，同时也是促进人才全面发展的必要因素。道德力量对推动国家发展，构建和谐社会以及提升人民幸福感都具有积极的意义。高校思想政治教育的根本目的是提升大学生的思想道德素质，同时提升大学生在道德认知和道德行为等方面的能力，帮助大学生形成良好的道德品质。为此高校辅导员务必要具备良好的道德素质，这是其最基本的素质之一。

从某种意义上来讲，高校辅导员是大学生道德规范的示范者，同时也是大学生情感、意志以及信念的塑造者。换句话说，高校辅导员的道德素养可以对大学生产生潜移默化的影响，我们要认识到这种潜移默化的力量，它无法用具体的量来表示。通常情况下，高校辅导员道德素质主要包括道德认知、高尚的道德信念以及优秀的道德品质。另外，高校辅导员还要严格按照社会主义道德标准来约束和规范自己，不断提升自身的道德修养，并在此基础上逐渐树立为人民服务的理念、集体主义利益观、诚实守信的道德观念，同时高校辅导员还应积极践行社会主义公民基本的道德规范，用自身行动弘扬社会公德。只有具备良好的道德素质，辅导员才能把自己肩负的责任和使命内化为自己的信念，把工作的压力转化为日常工作的强大动力，以饱满的热情、无私的爱心和高度的责任心承担起大学生成才引路人的使命。

（三）渊博的学识

虽然高校辅导员的教学任务并不是很多，但是他们同样需要具有渊博的学识，这是高校辅导员成为大学生成才引路人的基石。高校辅导员作为高校教育政策方针的贯彻实施者，同时有肩负着大学生引路人的重要职责，高校辅导员想要充当好这些角色，需要具有一定的科学文化素养，同时还要熟知大学生思想政治教育的规律和特点，并熟练掌握相应的专业知识与技能，进而为大学生树立良好的榜样。

思想政治教育课程作为一门综合性的学科，其实践性较强，这在无形中对高校辅导员提出了更高的要求，即具有多元化的知识结构体系以及丰富的知识储备。辅导员具备渊博的学识也是为了给学生树立榜样。当代大学生思想活跃，有自己独立的判断，而且获取知识的手段和途径多元化，只有辅导员具备了良好的知识素养，以自身的魅力感染学生，赢得学生的尊重，为学生树立榜样，才能对学生进行有效的引导，正所谓"亲其师，信其道"。

（四）健康的身心素质

高校辅导员与高校其他教师不同，他们不仅需要从事教育工作，同时还要进行管理、服务方面的工作，工作繁杂琐碎，另外，高校辅导员需要面临的学生数量也十分庞大，为此高校辅导的工作不仅会耗费大量的脑力，同时也需要消耗巨大的体力。这也就决定了高校辅导员需要具有良好的身体素质和健康的心理素质。

首先，健康的体魄是事业成功的基础和关键。身体素质是人的素质结构中最基本的，它是人的其他素质得以建立的基础，决定着其他素质的质量。只有身体健康、精力充沛，才能从事紧张、艰苦的创造性劳动，从而攀登事业的高峰。健康的体魄还是促进智力发展的重要因素。健康的体魄能够使人心情愉悦，头脑冷静，思维活跃，灵感迸现。

其次，健康的心理素质是健康人格素质的必要组成部分，在人格中不可忽视的内容之一。拥有健康心理素质的高校辅导员不仅可以实现高校素质教育的有序开展，同时也可以保障大学生人格健康的形成。在上文论述中我们说明了高校辅导员工作的复杂性，在这样的工作环境下，高校辅导员难免会产生倦怠的心理，同时也会出现焦虑、沮丧等心理问题，这就需要高校辅导员拥有健康的心理素质进行自我调节，提升自身的适应能力。从具体上来讲，高校辅导员需要具备坚韧的意志品格、良好的心境以及广泛的兴趣爱好，这也是高校辅导员成为引路人的必备条件。

最后，健康的心理素质可以推动高校辅导员工作的开展，从而培养出更多符合社会发展要求的优秀人才。从根本上来讲，高校辅导员工作的主要任务是引导学生成才，所以高校辅导员应从多角度对学生进行引导，实现大学生德智体美的全面发展。高校辅导员在开展各项活动时，需要为学生示范，从而更好地感染学生，为大学生成才奠定基础，而这些需要建立在健康心理素质的基础上。

（五）创新素质

高校辅导员同样还需要具有一定的创新能力，只有这样才能为使大学生成才之路更加平坦提供助力。

第一，在当前激烈的国际竞争中，创新型人才是决定一个国家的综合国力，而高校作为人才培养的主阵地，这对其人才培养提出了更高的要求。另外，改革创新也是目前我国的时代特征，创新型人才是推动我国经济转型升级的关键。创新型人才的培养同样需要一支创新意识较强的教师团队，这对于提升大学生的创新意识、创新能力均有重要意义，为此高校辅导员需要具有一定的创新素质。

第二，创新素质也是新时期高校思想政治教育工作的需要。从根本上来讲，思想政治教育源于实践活动，并在实践活动中不断创新发展，可见创新是其生命之源。高校辅导员作为思想政治教育的组织者、实施者，应当做到与时俱进，不断创新思想政治教育工作方式。随着我国社会经济的快速发展，我国对外开放程度加大，尤其是随着互联网信息技术的快速发展，当代大学生的思想观念、道德标准以及价值取向等都发生了不同程度的变化，这为高校思想政治教育提出了新的挑战。因此在新时期，面对市场经济带来的负面效应，面对社会大环境中的腐败和不良风气，面对信息化带来的消极影响问题，如何引导学生冲出重重迷雾，抵挡种种诱惑，树立主流的价值观念，健康地成长成才，是辅导员必须认真思索和慎重对待的。面对新形势、新挑战，辅导员只有不断地创新工作方法和工作载体，开创学生工作的新局面，才能引导学生走上成才之路。

三、辅导员发挥学生成才路上"引路人"的作用

（一）德育

高校辅导员应发挥自身"引路人"作用，加强对大学生思想道德的教育，使大学生成为优秀的社会主义接班人。通常情况下来讲，德育主要是为了培养大学生的人生观、价值观，并通过道德教育使其成为有正义感、有奉献精神以及拥有高尚道德情操的人。想要成为一名合格的社会主义接班人，必须要做到德才兼备，此处的"德"指的是思想道德素质，这也是大学生应具备的重要素质。一般情况下来看，高校思想道德教育的开展主要是为了培养大学生的思想素质、政治素质以及道德素质，简而言之就是教会学生如何做人。思想道德素质直接决定大学生是否可以成才，为此具有十分重要的意义。在开展大学生思想道德教育时，应将出发点和落脚点放在大学生成才上，并将其贯穿于大学生成才教育的全过程。大学生是国家宝贵的财富，是一个国家和民族的未来和希望。想要使大学生成为国家未来发展的中坚力量，不仅要培养他们科学文化素养，同时也要提升他们的思想政治素质。判断一个学校人才培养是否合格，首先需要判断人才的思想政治素质水平。由此可以看出，思想政治素质培养在高校人才培养中具有十分重要的作用和意义，必须要加强大学生思想道德建设。

首先，高校辅导员作为大学生思想道德教育的直接实施者，在实际教学中充分发挥思想政治理论教育"主渠道"和日常思想政治教育活动"主阵地"的作用，在大学生思想政治教育和日常生活管理中逐步渗透马克思主义理论，引导学生树立正确的人生观、价值观，并自觉践行社会主义荣辱观。另外，通过思想道德教育使学生形成正确的政治方向，坚定政治立场，逐渐提升自身的政治素质。

其次，辅导员是思想道德教育环境的营造者。加强大学生思想道德教育，光靠理论上的说教还是不够的，还必须营造良好的道德教育的环境。而校园文化是学生接受道德教育及艺术教育的第二课堂，属于学习潜在课程的范畴内，是一种影响人、塑造人的综合教育力量。校园文化能够有效地引导大学生接受爱国主义精神和民族传统美德的熏陶，帮助大学生树立科学的世界观、人生观、价值观。因此要大力建设校园文化，开展丰富多彩、积极向上为学术、科技、体育、艺术

和娱乐活动，把德育与智育、体育、美育有机结合起来，寓教育于文化活动之中。辅导员是校园文化活动的组织者、实施者、指导者，要有意识地将思想道德教育融入校园文化活动之中。辅导员要加强对学生的组织和社团的引导，同他们一起精心组织校园文化活动，要善于结合传统节庆日、重大事件和开学典礼、毕业典礼等，开展特色鲜明的主题教育，唱响爱国主义、集体主义、社会主义主旋律；开展"创先争优"活动，通过创建文明班级、文明宿舍等，把思想道德教育融入大学生日常学习生活点滴之中，培养他们良好的道德情操；同时要积极开辟校园文化建设的新载体，主动占领网络思想政治教育新阵地，积极开展健康向上、丰富多彩的网络文化活动。通过一系列特色鲜明的校园文化活动，使大学生在活动中受到潜移默化的影响，思想感情得到熏陶，精神生活得到充实，道德境界得到升华。

最后，我们要清楚的认识高校辅导员在思想道德教育中的多重身份，他不仅是思想道德教育的实施者、环境营造者，同时也是思想道德教育的践行者。由于受身心发展特点的影响，大学生具有较强的模仿性，而辅导员便是他们最直接的模仿对象，所以高校辅导员的政治立场、政治观点、言谈举止等都成为大学生模仿的内容。为此高校辅导员应对思想道德有一个科学的认知，并按照社会主义和共产主义道德信念，不断提升自身的道德素质水平，进而形成为人民服务、诚实守信等方面正确的道德观，为大学生树立良好的榜样。

（二）智育

高校辅导员也应当在大学生专业素质发展上发挥自身"引路人"的作用，为社会主义事业培养出优秀的人才。我们需要认识智育并不是简单的知识灌输，而是通过对受教育者进行全方位的启发，点燃起心智的火焰，激发其内在的潜质，从而是受教育者积极主动的探寻知识，进而提升自身的专业素质水平。从某种意义上来讲，大学生专业素质水平的高低直接影响了他们毕业后的就业方向以及职业发展前景。虽然高校辅导员并不是专业学科教师，但是高校辅导员可以从宏观上给予大学生一定的学习指导，为大学生专业素养的提升创造良好的学习环境。

1. 学习的引导者

随着社会对人才的要求越来越高，大学生对自身的发展和未来的前途也越来越关注。把大学生培养成具有较强专业素质、符合社会发展要求的高素质人才，是大学的基本使命之一。辅导员作为专业课教师之外的教育群体，肩负着引导大学生进行自主学习、培养大学生良好的学习心理、调适大学生学习困扰的重任。

在知识社会里学校面临最大的挑战，就是如何教会学生去学习。特别是大学新生入学后是学习的适应期，也是学习思维、理念的冲突期，更是学习上感到困惑和茫然的高发期。大学的学习比中学更复杂更高级，同时也更自觉和自主。许多学生入学后，就面临着种种学习问题，主要有学习不适应、学习动机不明确、动力不足、学习焦虑、疲劳、考试焦虑等问题。这些问题如果得不到科学的引导，往往会导致一部分大学生茫然不知所措，耽误时间和学业，最终必定会影响学生的健康成长。因此，辅导员应加强学业指导，开展学习教育，引导学生明确学习目标、端正学习态度、挖掘学习动力、调节学习情绪，同时引导学生改善学习方法、优化学习氛围，为学生创造良好的学习环境，使学生学会学习、乐于学习、善于学习。

2. 学习的监督者

被动、无目的、无计划的学习是不会取得好效果的。只有明确了学习方向和学习目的，才会有学习动力。所以，辅导员要密切配合专业教师，在分析学生的个性特点、掌握学生学习情况和学习能力的基础上，为每个学生打造一份个性化的专业学习计划，并且随着学生学习情况的不断变化而及时调整，这样才可以增强学生学习的主动性和针对性。有了个性化的学习计划，辅导员还要监督学生的执行情况，树立典型、奖优惩劣，不断解决学生学习动力不足的问题。

时间是学习的保证，如何科学规划和有效利用可以支配的时间，是大学生完成学业、实现人生目标的重要保证。但是大学生普遍存在对时间管理的计划性和监控性比较差、时间管理的效率不高、浪费时间严重等现象。而不良的时间管理往往会使时间白白浪费，从而导致学业成绩不理想，产生心理压力等消极的情绪体验。所以，时间管理对于大学生来说就显得格外重要，辅导员要引导他们科学有效地进行时间管理；引导学生意识到时间的宝贵，改变对时间的态度，提高做事的效率；引导学生树立明确的目标，制定大学生涯规划，从整体上做好大学生涯的时间管理；在保证大学生有效学习时间的前提下，合理分配业余时间。

3. 第二课堂的开拓者

辅导员不是专业教师，辅导员对学生专业素质的培养，主要是通过第二课堂来开展的。辅导员是学生活动的组织者、实施者和指导者，开展丰富多彩的与专业相关的课外教育活动，是辅导员引导学生专业素质发展的重要手段。辅导员要充分发挥学生组织和社团的作用，引导学生成立自己的科研组织，为学生营造良好的专业学习氛围；同时积极开展各种科创活动，激发学生投入科研创新活动的积极性和热情，通过丰富多彩的课外实践活动，促使学生实现从理论学习向实践应用的转化，从而进一步培养学生的科研能力。

（三）体育

高校辅导员也应充分发挥自身在学生身体素质教育方面"引路人"的作用，提升学生的身体素质水平。体育作为我国素质教育的重要组成部分，对推动大学生的全面发展有十分重要的作用和意义，同时其教学作用也是其他学科无法取代的。为此，高校辅导员应充分认识大学生体育教育的重要性，并发挥自身在体育教育中的作用。

1. 体育教育的引导者

体育是我国高校教育体系中的重要组成部分，是培养全面发展人才的必要教育环节。目前我国高校教学中存在轻视体育教育的现象，认为有无体育教育均可，这也是导致我国高校体育教育基础设施不完善、师资队伍素质较低以及课程设置不合理的重要原因。通常情况下，学校对体育教育的忽视，也会在无形中影响学生对体育的看法，如体育仅仅是一个娱乐课程，为此部分大学生参与体育课程的积极性并不是很高。所以，高校辅导员应引导学生正确认识体育的重要性，同时逐渐培养学生的体育兴趣。一般情况下，学校体育教育的直接目的是传授学生基础的体育知识和技能，并通过体育锻炼提升学生的身体素质。对此高校辅导员应开展各种形式的体育教育宣传活动，如讲座，增加学生对体育教育功能的认识。从具体上来讲，高校辅导员应让学生了解体育教育的以下功能：陶冶情操、强身健体、培养团结合作意识、启迪智慧等。当学生了解体育教育功能之后，会在一定程度上激发他们的体育学习兴趣，而兴趣是学习最好的老师，所以这对调动大学生体育学习兴趣，养成良好的体育锻炼习惯十分重要。

2. 体育活动的组织者和推动者

学校体育工作是教育工作的大事，也是体育工作的大事。从事教育工作，必须重视体育；从事体育工作，必须重视学校体育。校长要亲自动员和号召学生参加课外体育活动，中小学班主任、高校辅导员、体育教师及学生会要做体育活动的积极组织者和推动者，形成人人参与、个个争先、生龙活虎、生机勃勃的校园体育氛围。因此，辅导员是高校体育教育活动的积极组织者和推动者。首先，辅导员要改变传统的对体育的看法，贯彻党的教育方针，切实重视体育教育。其次，辅导员要通过开展丰富多彩的课外体育活动来推动体育教育的发展。高校体育教育主要是通过开设体育课的途径来实现的，但体育课课时有限，授课内容往往比较单一，其课程评价方式也限制了学生的主动性、积极性和创造性的发挥。而课外活动则灵活多样，不受限制。辅导员可以通过开展丰富多彩的体育文化活动，如各类球类比赛、田径运动会、棋牌类智力运动会等，既培养了学生的体育运动兴趣，提高了学生的体育技能和身体素质，又可以把思想政治教育融入其中，充分发挥体育在培养学生思想品德和人格方面的作用。

（四）美育

高校辅导员也应充当好大学生美育教育"引路人"的角色，提升大学生的审美能力。随着我国教育改革的深入开展，美育逐渐受到人们的重视，并成为学校教育的重要组成部分。美育教育的开展对促进学生全面发展，培养学生综合能力有积极作用。为此高校辅导员应积极发挥自身在大学生美育教育中的作用，积极引导、开展大学生美育教育。

1. 把美育与思想政治教育相结合

所谓的审美观主要强调的是人对看待事物的审美观点、审美态度等。从根本上来讲，审美观直接影响了人的审美活动，同时对审美活动也具有较大的指导意义。为此正确审美观的培养具有十分重要的意义，一个人只有拥有正确的审美观，才能建立正确、科学的审美标准，并在此基础上形成健康的审美情趣。另外，正确审美观的培养也有助于人形成崇高的审美理想，进而按照美的规律自觉改造世界。由此可以看出，帮助大学生树立正确审美观的重要性，同时这也是当前大学生美与教育的首要任务。所以在高校辅导员在实际教学中应将美育与思想政治教育结合起来，不断培养大学生的美学知识，并通过美育教育引导学生以善为美、以真为美，追求自然美。除此之外，高校辅导员还要加强大学生的马克思主义教育、理想信念教育、民族精神教育、公民道德教育，树立正确的世界观、人生观、价值观，进而引导学生正确区分和对待社会以及校园内的美丑现象，从而使学生树立正确审美观。

2. 把美育与校园文化建设相结合

生活中处处都有美的存在。辅导员就是要培养大学生发现美、鉴赏美和创造美的能力。首先，通过加强校园文化建设、开展校园文化活动来引导学生的审美意识。开展校园文化活动是辅导员加强大学生美育的重要方式，寓教于乐是美育的重要特点。辅导员要把高雅的艺术活动引入校园，通过开展内容丰富、形式新颖、吸引力强的校园文化活动，把美育渗透其中，运用鲜活的艺术形象培养学生健康的审美情感和形象思维能力，从而建立起艺术美、生活美和社会美的观念。其次，校园环境的美化和建设对大学生的美育起着不可替代的推动作用。校园环境是一种影响人、塑造人的综合教育力量，优美的校园环境，能给人以美的熏陶、心灵的洗涤，潜移默化地陶冶和影响学生的审美能力和审美情趣。辅导员要尽力为学生创造优美的校园和生活环境，在美的环境中接受美的教育，这无疑能起到事半功倍的效果。

3. 把美育与自身的素质建设相结合

审美教育是双边的活动，教师自身也具有倾向性的引导作用。教师渊博的学识，无私奉献的精神，高雅的情趣情操，优美的语言、教态、风度、气质都会给学生带来美的感受。辅导员是离大学生最近的老师，因而辅导员要不断提高自身的素质，注意自身的语言美、行为美、形象美、气质美，给学生美的感染和美的熏陶，提高学生的审美能力。

众所周知德育、体育、美育、智育是一个有机统一体。通过德育可以有效帮助学生树立正确的人生观、世界观和价值观，使学生拥有一个崇高的人生目标。同时也能够逐渐培养学生高尚的情操，使其成为有责任心、有奉献精神的人。智育可以激发学生的学习潜力，让学生积极主动探索知识。体育不仅可以强身健体，而且可以培养人的坚毅勇敢、吃苦耐劳和团结协作精神。美育陶冶人的情操，提高人的审美情趣，激发人们对真善美的追求和对美好未来的向往。多年来我们所强调的素质教育，实质上就是强调学生的全面发展，促进德育、智育、体育、美育的有机结合。辅导员只有引导学生德智体美劳全面发展，才能使学生走上成才的道路，才能为我们的社会主义国家培养合格的建设者和接班人。

第二章　高校辅导员与大学生思想政治教育

推动并完善高校大学生思想政治教育工作是我国重要的战略任务，同时也是高校人才培养的重要任务之一。本章主要从大学生思想政治教育的重要性、大学生思想政治教育的现状和对策和大学生思想政治教育与辅导员几个方面展开深入论述。

第一节　大学生思想政治教育的重要性

一、大学生思想政治教育内涵分析

（一）思想政治教育的内涵

1. 关于思想政治教育的历史考察

思想政治教育的概念并不是凭空出现的，它是经过无数的实践，最后总结而成。1847 年马克思和恩格斯提出了"要具有革命毅力并努力进行宣传工作"，思想政治教育的概念便是从"宣传工作"演变而来[①]。随后"思想政治教育"又经历了多次的实践演变，如政治工作、思想工作以及思想政治工作等。

苏联无产阶级革命者在不同的时期提出了不同的概念，如政治教育、政治教育工作、思想工作等。而在中国，无产阶级革命者同样在不同的时期提出了不同的概念，如宣传工作、政治教育等。虽然在不同的时期，这些概念的侧重点有所不同，但是都是在实践中不断完善、规范思想政治教育这一概念。

---

① 马克思，恩格斯 . 马克思恩格斯全集（第 4 卷）[M]. 北京 : 人民出版社，1995:572.

改革开放之后，我国颁布了《国营企业职工思想政治工作纲要（试行）》，该文件正式提出使用"思想政治教育"这一名称，自此之后它变成了行业领域中的统一名词。随后在 1984 年，针对这一名称正式设立了"思想政治教育学"学科及"思想政治教育专业"专业。新中国成立之后，党中央于 2000 年 6 月召开了第一次思想政治教育工作会议，自此我国将思想政治教育工作提升到党中央的高度。在第一次思想政治工作会议展开之后，我国又陆续颁布了一系列政策文件，如《公民道德建设实施纲要》《关于进一步加强和改进未成年人思想道德建设的若干意见》。特别是我国进入新时期之后，党中央对思想政治教育的重视程度进一步提升，并出台了《关于进一步加强和改进大学生思想政治教育的意见》《关于加强和改进新形势下高校思想政治工作的意见》等政策文件。

在我国经济、社会环境快速发展变化的影响下，我国关于思想政治教育的研究达到了前所未有的高潮，关于思想政治教育的研究成果如雨后春笋般涌现出来，同时我国也加快了思想政治教育学科的建设，这为我们研究思想政治教育的内涵提供了便利之处。

2. 思想政治教育的概念

目前国内学者对思想政治教育的研究已经取得了较大的研究成果，同时对其概念也进行了详细的阐释。总体上来讲，目前关于思想政治教育的概念一共包含七种观点，又可以将其归纳为三大类：施加论、转化论、发展论。首先，施加论。它主要表明受教育者被动地接受统治阶级的思想教育，这也是目前学术界关于思想政治教育内涵的主流阐释，在许多学者概念中都有所体现。其次，转化论。它主要指的是为了实现某一阶级的利益，对人的思想进行一定程度的转变，使其按照其预定的方式开展活动。随着社会教育的快速发展，受教育者的在教育中的主体地位逐渐得到人们的重视，这在一定程度上也促使施加论逐渐向转化论转变。最后，发展论。它更加强调受教育者自我提升、自主构建思想政治素质，同时也提倡人的发展与社会发展相结合。无论是施加论、转化论，还是发展论，都在思想政治教育实践中不断深化思想政治教育的内涵。

总而言之，思想政治教育的概念主要包含以下几个层次的含义：第一，思想政治教育具有一定的阶级性，它是为某一阶级或集团服务；第二，思想政治教育十分强调思想、政治、道德的作用，即统治阶级将本阶级的思想、政治、道德观点传授给社会中的每一个人，并以此来影响他们的行为；第三，思想政治教育属于一种教育实践活动或社会活动。为此张耀灿等人在文章《思想政治教育学原理》中对思想政治教育的概念做出如下解释："社会或社会群体用一定的思想观念、政治观点、道德规范，对其成员施加有目的、有计划、有组织的影响，使他们形成符合一定社会或一定阶级所需要的思想品德的社会实践活动"①。张耀灿等人的思想政治教育概念得到国内大部分学者的认同，为此成为我国思想政治教育概念的主流阐述。

（二）大学生思想政治教育的内涵

大学生是一个特殊的群体，他们朝气蓬勃且具有强烈的创新精神，同时他们也具有较高的知识素养，是一群具有理想抱负的群体。在对大学生进行思想政治教育时，我们既要考虑思想政治教育的基本要求，同时也要考虑大学生群体的特点，使大学生思想政治教育既体现鲜明的政治性，又体现出强烈的时代感。2004 年颁布的《关于进一步加强和改进大学生思想政治教育的意见》对大学生思想政治教育进行了明确的规定，并指出"以理想信念教育为核心，以爱国主义教育为重点，以思想道德建设为基础，以大学生的全面发展为目标，坚持'以人为本'……培养德、智、体、美全面发展的社会主义建设者和接班人"②。

综上所述，大学生思想政治教育内涵主要包含以下几个方面的内容：第一，将马克思列宁主义、毛泽东思想、邓小平理论、"三个代表"重要思想、科学发展观、习近平新时代中国特色社会主义思想等社会主义思想作为大学生思想政治教育的指导思想；第二，大学生思想政治教育的开展务必要结合大学生的身心发展特点，了解其思想变化规律，同时结合思想政治教育学科知识内容，有计划、有目的地开展思想政治教育活动；第三，大学生思想政治教育内容包含思想教育、政治教育、道德教育三个方面，其中思想教育主要有人生观、价值观以及共产主义世界观，政治教育主要为理想信念的教育，而道德教育的内容主要是社会主义

---

① 陈万柏，张耀灿．思想政治教育学原理 [M].2 版．北京：高等教育出版社，2007:4.

② 教育部．中共中央国务院发出《关于进一步加强和改进大学生思想政治教育的意见》[EB].
https://www.gmw.cn/01gmrb/2004-10/18/content_116269.htm

道德体系的构建。另外，大学生思想政治教育内容也会随时代的变化而改变。

二、大学生思想政治教育的功能研究

（一）思想政治教育的功能

1.功能

功能一词来源于物理学，19 世纪时西方学者将其运用到社会科学领域。目前在思想政治教育功能理论研究中，学者对"功能"一词的理解存在差异，而这直接影响了学者在思想政治教育功能研究中的思维取向。站在语义学角度来看，功能主要指的是功效和作用，抑或是某一事物或系统内在的、外在的特性和能力。由此不难发现，功能和作用有十分紧密的联系，我们可以将其称之为作用，并且是积极、有利的作用。

2.思想政治教育功能的内涵

我国于 20 世纪七八十年代将功能引入思想政治教育理论研究当中，并展开了思想政治教育功能的理论研究。截至目前，我国学术界关于思想政治教育功能方面的研究成果不计其数。从整体上来看，学者主要围绕"功能是什么"这一话题展开论述，而关于这一论题的讨论又包含两种类型：第一，主观论。它主要强调的是从主观角度去看思想政治教育的功能。另外，主观论通常将功能与目的互换使用，为此我们又主观论称之为目的论；第二，客观论。客观论主要是站在客观的角度来看待思想政治教育的功能，它认为思想政治教育的功能是客观存在的，并不受人的主观意志影响。目前客观论主要持有以下几个观点：作用论、结果论、价值论、效用论、职能论等。

从现有的研究成果中来看，大部分学者对思想政治教育功能概念的界定主要是以作用论为依据，如陈万柏，他认为"思想政治教育功能是指思想政治教育对其教育对象乃至整个社会所发生的积极独特的作用或影响"[①]。此外，还有部分学者从结果论、职能论的角度对思想政治教育功能的概念进行界定，他们认为"思想政治教育的功能是其系统内部诸要素之间以及系统与环境之间相互作用时所产

---

① 陈万柏，万美容，李东升.思想政治教育学原理新编 [M].武汉：华中师范大学出版社，2000:92-114.

生的结果"①，抑或是"思想政治教育能够承担的职责和应当具有的职能"②。然而从功能的定义角度来看，以作用论作为依据的思想政治教育功能概念的界定得到大部分学者的认可，也就是说思想政治教育功能是对受教育者和社会发展起到的积极作用和影响。

（二）大学生思想政治教育功能的具体体现

目前学者对思想政治教育功能的分类也有多种方法：第一，从价值取向角度来看，学者将思想政治教育功能划分为正向功能和负向功能；第二，从体系结构角度来看，学者将思想政治教育功能细分为内部功能和外部功能；第三，站在个人、社会、自然关系的角度来看，学者将思想政治教育功能划分为社会功能、个人功能、政治功能、经济功能四大类。新时代的大学生作为高校思想政治教育的对象，他们具有鲜明的时代性特征和群体性特点。为此学者在研究新时代大学生思想政治教育功能时，需要从多方面考虑，既要考虑思想政治教育功能的普遍性作用，也要考虑思想政治教育对大学生群体的个性化功能。

从根本上来讲，思想政治教育对大学生的个体及社会生活产生了一定的作用和影响，所以大学生思想政治教育功能主要分为两个部分：第一，对学生个体产生的作用，简而言之个体性功能，它主要强调的是对大学生个体发展产生的作用和影响；第二，对大学生社会生活产生的影响，简而言之社会性功能。它主要指的是大学生在接受思想政治教育之后，对社会发展产生的积极作用和影响。

1. 大学生思想政治教育的个体性功能

大学生通过接受思想政治教育，其个人生存、个人发展以及个体享受等方面受到影响，思想政治教育所表现出的这些功能便被称之为个体的生存功能、个体的发展功能、个体的享用功能。

（1）大学生思想政治教育的个体生存功能

生存是大学生面临的第一个问题，同时也是最重要的一个问题。如果没有生命，那么一切都将失去意义。为此通过开展思想政治教育，让大学生认识到只有坚持遵循生存规律、服从生存的原则，才能获得更好的生存状态，这是大学生思

---

① 李太平.德育功能·德育价值·德育目的 [J].湖北大学学报（哲社版），1999（6）：89.

② 别祖云.德育功能定位及方法反思 [J].湖北社会科学，2000（增刊）：54.

想政治教育个体生存功能的基本体现。人的需求是思想政治教育的内在尺度，这主要是由于人是思想政治教育的主体。通常情况下来讲，我们可以将人的需求细分为物质需求和精神需求两方面，而物质需求是精神需求的前提与基础。马克思、恩格斯在这方面做出了一定的阐述："我们首先应当确定一切人类生存的第一个前提，也就是一切历史的第一个前提，这个前提是：人们为了能够创造历史，必须能够生活。"①

从正常人的角度来讲，一个人为了生存下去往往会对物质有较大的追求，通常他们会将物质利益放在首位，如保障自身最基本的衣食住行，所以人对物质利益的追求属于人的本性。所以大学生思想政治教育应尊重大学生对物质利益的追求，切勿因大学生谈及物质利益，而对大学生进行"拜金主义""功利主义"等片面性的批评。马克思在对人性理论研究中表示人是自然属性和精神属性的结合体。所谓的精神属性指的就是人在精神方面的追求，通俗来讲即人的心理需求。大学生思想政治教育既要尊重大学生对物质文明的追求，又要引导他们不断提升精神层次的追求。这在一定程度上表明大学生思想政治教育对大学生个体生存方面有十分重要的作用和意义。

第一，大学生思想政治教育对于提升大学生物质生活水平、获取物质资料有积极的作用。当前大学生思想政治教育的主要任务是"以理想信念教育为核心，深入进行树立正确的世界观、人生观和价值观教育"②。以上的种种观念和原则在无形中引导大学生利用正确的渠道和方法获得生活资料，为了在社会生活中正常地生存下去，大学生需要最大限度完成特定的任务。

第二，思想政治教育是大学生精神生活的一种方式，在思想政治教育中，大学生可以获得相应的精神食粮，满足其精神层面的需求。高等院校中的思想政治教育已然成为大学生生存和发展的沟通方式。在这样的沟通方式下，十分重视大学生主体之间、大学生与自然、大学生与社会的沟通，除此之外这样的沟通方式也十分重视大学生个体精神与外界的客观认同。由此不难发现，大学生思想政治

---

① 马克思，恩格斯. 马克思恩格斯选集（第 1 卷）[M]. 北京：人民出版社，1995：78-79.
② 教育部. 教育部关于印发《学习贯彻落实中发〔2004〕16 号文件和全国加强和改进大学生思想政治教育工作会议精神的宣讲提纲》的通知 [EB].http://www.moe.edu.cn/s78/A12/szs_lef/moe_1407/moe_1408/tnull_20750.html

教育可以在极大程度上满足大学生的精神需求，它是大学生精神食粮的一种，对大学生个体生存与发展有十分积极的作用。

（2）大学生思想政治教育的个体发展功能

《国家中长期教育改革和发展规划纲要（2010—2020年）》明确指出，"持以人为本、全面实施素质教育是教育改革发展的战略主题，是贯彻党的教育方针的时代要求……重点是面向全体学生、促进学生全面发展"①。纲要中的思想在无形中也体现了马克思主义关于人的全面发展的理论，大学生思想政治教育会在一定程度上促进大学生个体的全面发展，这也是其核心目标，同时也反映了大学生思想政治教育的个体发展功能。从具体上来讲，大学生思想政治教育的个体发展功能主要表现在以下几个方面。

第一，引导政治方向。当前社会正处于经济体制改革与社会转型发展的阶段，在这种环境下大学生的价值观会在多方面因素的影响下发生偏离，这就需要我们对其加以引导，使大学生的价值观朝着正确的方向发展，这也是大学生思想政治教育的主要目的之一。在大学生思想政治教育工作开展中，教育者通过采用多样化的教学方法和丰富的教学活动来提升大学生的思想政治素质。

第二，约束规范行为。随着年龄的增长，大学生逐渐形成了一定的社会规范意识，但是由于大学生依然处于青春期，他们往往会受一些不良社会风气的影响，从而产生一些有违道德的想法，甚至会作出有违道德的行为，这就需要我们通过开展思想政治教育来约束规范他们的行为。在高校思想政治教育中，我们在坚持基本道德规范的基础上，不断开展思想政治教育活动，从而约束规范大学生的行为。换个角度来讲，大学生在思想政治教育的熏陶下，他们掌握了正确把握世界规律的方式，自觉约束规范自己的行为，为自身发展创造广阔的空间。

第三，激发精神动力。从某种意义上来讲，积极性是人的一种心理状态，它具有自觉性、能动性的特点。通常情况下，这种状态来源于人的需求，当一个人的需求越大时，人的积极性也就越高。为此大学生思想政治教育不能舍弃大学生

① 国家中长期教育改革和发展规划纲要工作小组办公室.国家中长期教育改革和发展规划纲要（2010—2020年）[EB].http://www.moe.edu.cn/srcsite/A01/s7048/201007/t20100729_171904.html.2010-7-29.

对物质利益的追求，也不能对大学生对物质利益的追求进行片面性批评，切勿随意上纲上线。大学生思想政治教育要合理地利用物质激励的作用，帮助大学生形成正确的物质追求观。与此同时，也要重视精神激励的作用，促进思想政治教育建设进程。结合大学生的身心发展特点，我们可以使用以下几种激励方式：榜样激励、情感交融激励、主体参与民主激励等，这些与大学生身心发展特点极为吻合，可以起到事半功倍的作用。

第四，塑造个体人格。目前心理学、伦理学、法学等领域对健康人格的阐释有自己的标准，但不管其具体标准是什么，它们都与思想政治教育有紧密的联系。在这个日新月异的社会，大学生只有不断提升自身思想意识，提升自身技能水平，才能跟上社会快速发展的脚步。高校思想政治教育的开展可以有效帮助大学生认识其身上所承担的历史使命与社会责任，这在无形中可以培养大学生"主人翁"意识，使其树立远大的共产主义理想，与此同时也可以促进大学生积极参与社会实践，并投身于改造社会活动之中，进而使自身人格得以完善。

（3）大学生思想政治教育的个体享用功能

一般来讲，人的心理活动能力的多层面发展不仅包含创造精神产品的能力，同时也包含享受社会现有精神财富的能力。换句话来说，大学生通过参加思想政治实践活动，其自身的某些技能素质得到一定程度的提升，并在此基础上实现了个体的需求，在取得成功、满足需求后，其内心感受到成功的喜悦与快乐，进而获得精神上的享受。这就是大学生思想政治教育的个体享用功能的具体表现，同时它也是大学生思想政治教育的最终归宿。从具体上来讲，它是通过思想政治教育使大学生养成正确的价值观、世界观，并不断约束规范大学生的行为，提升其自身素质，另一方面又通过思想政治教育满足个体的物质和精神需求，并通过个体良好的品格的外化逐渐构建外部世界。

2. 大学生思想政治教育的社会性功能

从本质上来讲，思想政治教育是一种社会现象，学校通过开展思想政治教育活动来影响大学生的社会行为，我们将思想政治教育的这种功能归纳起来便是其社会性功能。从具体上来讲，大学生思想政治教育的社会性功能主要包含政治功能、经济功能、文化功能和生态功能四个方面。

（1）大学生思想政治教育的政治功能

高校思想政治教育的内容主要有三个方面，即思想教育、政治教育、道德教育。在思想政治教育过程中，我们为了培养大学生特定的思想政治素质时，其所产生的促进政治发展的作用便是大学生思想政治教育的政治功能，从某种意义上来讲它在大学生思想政治教育社会性功能中起主导作用。一直以来，党和国家十分重视高校大学生思想政治教育的政治导向。2016 年习近平总书记在全国高校思想政治工作会议上指出，"高校思想政治工作关系高校培养什么样的人、如何培养人以及为谁培养人这个根本问题"[①]。中共中央、国务院又于 2017 年联合印发了《关于加强和改进新形势下高校思想政治工作的意见》，并在意见中明确指出，"加强和改进高校思想政治工作，事关办什么样的大学……事关中国特色社会主义事业后继有人，是一项重大的政治任务和战略工程"[②]。

通常情况下来讲，高校思想政治教育的政治功能主要是向大学生传导以下内容：一是主导意识的传输；二是大学生正确政治行为的引导；三是优秀政治人才的培养；四是和谐政治关系的构建。通过向大学生传递这些内容，实现社会政治稳定发展的目标。众所周知，大学生是国家未来发展的中坚力量，为此在开展大学生思想政治教育时，应坚持以马克思主义理论来武装学生的大脑，使学生形成社会主义意识形态，坚定自身的政治方向，提升其政治识别、判断能力，进而规范其政治行为。

（2）大学生思想政治教育的经济功能

通过开展思想政治教育，可以有效激发学生的积极性，使他们主动参与社会经济建设，从而促进社会经济的发展，这是大学生思想政治教育经济功能的具体体现。习近平总书记在党的十九大报告中指出，"广大青年要坚定理想信念，志存高远，脚踏实地，勇做时代的弄潮儿，在实现中国梦的生动实践中放飞青春梦想，在为人民利益的不懈奋斗中书写人生华章"[③]。在讲话中习近平总书记一方面

---

① 习近平.在全国高校思想政治工作会议上的讲话 [N].人民日报，2016-12-09（01）.

② 国务院.中共中央 国务院印发《关于加强和改进新形势下高校思想政治工作的意见》[EB]. http://news.xinhuanet.com/2017-02/27/c_1120538762.htm.2017-2-27.

③ 习近平.决胜全面建成小康社会夺取新时代中国特色社会主义伟大胜利——在中国共产党第十九次全国代表大会上的报告 [J].时事报告，2017（11）：26.

强调青年要始终坚定理想、坚定信念，另一方面又鼓励广大青年为我国社会主义事业建设贡献出自己的力量。高校作为学生接受专业教育的最后一个场所，其在很大程度上决定着学生是否可以成才，是否可以成为社会主义建设者。从具体上来讲，高校思想政治教育的经济功能主要体现在以下几个方面：第一，提升大学生参与社会经济建设的积极性和主动性；第二，引导学生形成正确的社会经济活动行为规范；第三，优化社会主义经济发展环境。

生产力是人类发展中的重要因素，它是人类征服、改造自然的客观物质力量。生产力主要包含人和物两方面的要素，其中影响人的要素的因素主要包含两个方面，首先是科学文化素养和劳动技能，其次是思想道德素养和劳动积极性。高校思想政治教育可以对大学生进行一定程度的改造，使其具有优秀社会主义建设者的意识，同时通过思想政治教育，大学生的劳动素质也会有所提升，这在无形中促进了社会经济的发展。

三、加强大学生思想政治教育的必要性

首先，在当代高速发展的信息社会中，新式理论和思想层出不穷、此起彼伏。在这样的社会和文化背景下，我国的思想政治教育面临着新一轮的考验，亟待革新和强化。在当下，我国社会发展正处于新的阶段，国际社会间的综合国力竞争持续高涨，国内国际矛盾呈现出多样和纷杂的变化，社会关系也随着社会环境的改变而更加复杂，因此人们在现实中需要面对的新事态和需要处理的新问题愈发突出，这种情况在我国实施改革、确立和实行社会主义市场经济体制之后更加突出，我国在改革开放之后，西方国家的诸多外来思想逐渐渗透入我国人民的文化生活，影响和改变着我国社会中传统的生活方式、思维习惯及价值观念，其中不乏资本主义思想中腐朽落后的部分。外来文化中有许多先进的、对我国的思想解放和文化发展有益的部分，但是也不乏腐朽落后的有害思想，如颓废主义、享乐主义、金钱至上主义等，这些思想对我国社会人群，尤其是思想信念尚不成熟、世界观和价值观尚不坚定的人群（如高校学生）产生不可估量的恶劣影响，这些落后观念不仅会在无形中改变人们处事行为方式，还会对未成形的价值理念，人生追求，民族、国家、社会观念和个人价值的彰显方式等产生负面效应。

要改变不良思想渗透社会观念的现状，就要通过思政教育传递、继承和发扬爱国主义精神在我国现有时代背景下，将理想信念教育放在教育的核心位置，做到爱国主义和社会主义的和谐统一，使受教育群体在实际生活中做到关心国家和民族的前景、关注国家和民族的前景方向、充分深入地认识我国的历史进程和国情特色以及改革开放 40 年伟大进程，将人民的幸福作为奋斗目标，在新时代的历史和社会背景下将爱国主义精神发扬光大。当代大学生应树立正确的人生观、世界观、价值观，自觉排除身边的不良思想因素，提升民族自尊心、自信心和自豪感，坚定不移地在中国共产党领导下，沿着中国特色社会主义道路前行、为实现中华民族伟大复兴的目标作出贡献。

在当下，我国的社会公德中有许多亟待改善的因素，人们的道德感情在变幻的时代环境中产生了诸多困扰，这些因素都是思想政治教育推广和强化的必要组成部分。社会公德是人们在有规律的社会生活中，出于守护大众的利益和社会生活的有序安排，对社会人际关系作出协调规范的最为基本易懂的行为标准和基础性道德准则，一般情况下被作为思想道德中最基本和最接近日常生活中的实际情况的一环，也是社会全体公民都必须服从和遵守的公共性道德规范，在社会主义道德体系中发挥着重要的作用。我国目前的社会公德情况较之以往已经有了较为明显的改善和提升，但仍然在各种社会、经济、思想因素的影响下呈现出急需改进的整体形势。对于当下的大学生来说，有相当一部分人的行为和价值取向同其内在的道德认知观念并不一致，这些大学生往往仅在实际生活中体会到社会公德意义的重要性，对社会公德提出诸多改进要求，但并未对自身的道德实践做出同等标准的要求，在现实生活中对个人身边不公正的现象表现出妥协、退让和默认，甚至有可能最终同流合污。此外，大学生还会对社会的一部分现象看不清全貌与本质，从而产生单薄乃至错误的道德判定，对大学生的实质行为选择和道德取向产生困扰。目前，我国大学生时常在日常现实中体现出突出的个人主义，一味按照个人标准行事，不尊重他人的权利和意志，不重视道德规范，造成行为与道德的失衡，类似现象在当下的在校大学生中是一个不可忽视的群体性问题。

在我国，历来青年都起到开风气之先的模范带头性作用，理应在理想道德层面展现出更加卓越高尚的追求。这不仅是出于对自身的长远奋斗与长远价值实践的考量，更是对社会建设和社会发展所要作出的基本贡献。大学生是青年群体中的核心与模范，应在传承和发扬我国的优良传统美德的基础上形成和落实符合新时代的社会主义建设的道德理念、道德要求和道德风尚。使思想政治教育在教育树人中的基础性和关键作用得到充分落实，通过对社会公德的引导，启示大学生从身边的日常小事做起，将道德素养落到实处，对大学生的社会责任感和自我奉献意识加以强化，努力培养良好的道德品质和文明行为，塑造文明健康的生活习惯，持续实现大学生道德文化生活水平的提升，使其自我提升、自我管理的内在机制，个人的道德准则与行为规范同时代的发展互相适应，在此基础之上实现我国社会主义精神文明建设的进步和文明和谐社会的塑造。

此外，新媒体技术的应用和推广也广泛而深刻地影响了大学生的生活习惯与思维理念，因此这一领域的思想政治教育也必须得到重视。在现如今的信息时代，计算机网络技术随着科学技术的飞速发展革新而遍布至全球各处，新媒体行业高速发展，新媒体介质呈现出多样化发展的趋势，其具体形式包括手机信息、数字阅读、移动电视等，在我国市场总份额上逐渐占据一席之地，并在发展历程中持续深远地影响着普通人的社会生活方式和习惯。大学生是接受社会新鲜事物最快、最自然的群体，当然也会成为数字化技术的先驱评判者之一，人们在高速发展的信息化时代以及信息平台的影响下，同样会产生行为习惯、思想取向等方面的重大改变和更替。

网络世界作为一个虚拟平台，其包含的现实社会因素、周边影响因素、个体情况因素较少，所受的干扰也更微小，因此网络世界理所当然会成为大学生进行情绪和压力发泄、分享日常生活信息、表达个人观点和想法、反映内心意愿的主要场合；大学生可以在网络环境创造的丰富多彩的平台上彰显自己的个性，在网络世界中实现自由博览的目的；此外，现如今的网络还是人们的一大学习资源的来源，许多网络用户会通过互联网平台分享自己的个人生活经验，网络也逐渐被大学生作为一个向他人寻求解答和援助的交流场所，诸如此类。网络可以说是当今时代下大学生所能接触和使用的最为高效且富有多样性的信息交流和自我展示平台，已经在潜移默化中逐渐改变了人们传统的生活方式。但是，网络世界也因其虚拟性、开放性、散漫性和约束的缺少而产生了许多不良影响，大学生有可能在网络世界中脱离现实社会中的道德要求与约束、违背正常的思想规范，从而展现放纵极端的言论和行为；网络世界中充斥着主流和非主流的思想观点，会对大学生的思想观念、道德约束、个人及社会责任等思想因素产生不良影响。有些大学生甚至会因过分沉迷于虚拟的网络环境而忽略了自身的现实个人需求、人际关系，在网络世界中迷失自我而难以自拔。

要想做到对学生的网络世界社交生活和新媒体文化合理管控，就必须将思想政治教育作为课堂教学基石，将马克思主义思想理论作为教学指导，借助新媒体的多样性功能充实和优化思想政治教育的方式、媒介与内容等方面，创造出学生思想政治教育效果更为明显的教育方式，采取针对性强、规范性明显的引导方式使学生对新媒体文化产生更深刻的认识，从而使学生的心理更加健全地发展，使网络技术更加充分地为我国的社会主义建设事业发展作出贡献。

一般来说，大学生的思想个性较其他社会群体而言更加鲜明，但缺乏明确的自我奋斗目标，这就对学校的思想政治教育工作提出了更高的要求。当代的大学生往往出生和成长在改革开放之后，经济飞速发展，具备物质水平较高的生活环境和较为充实的生活条件，但与此同时，大学生在学习期间所要掌握的学科内容也更多，肩负的学业压力也变得更加沉重。就目前的整体教育情况来看，当代大学生在校期间持续接受学校给予的思想政治教育，受到社会主义核心价值观等观念的影响，因此这一群体的主体思想政治状态呈现积极、健康的特点。但是，现阶段大学生的思想教育问题仍然是教育工作者必须重视并负起责任的话题。有许多大学生没有为自己未来的人生树立合理明白的理想、坚定不移的信念和符合自身实际的人生规划，然而这些高校学生往往同样具有突出自我的意识，彰显自身个性的愿望十分强烈。此外，大学生成长和学习的环境物质条件一般较为优越，因此其索取意识也更重，没有充足的奉献意识，无法以更加强大的心理素质承受生活中的困难与挑战，也难以在遭受挫折之后及时调整和恢复心态，在学习方面付出的努力不足，缺乏确定的个人奋斗方向，因此也难以实现目的性相对明显的自我价值。这些问题都是大学生个人思想成长过程中的阻碍，也会影响到高校校园中的学生团队协作和集体的进步，这样，大学生就难以在步入社会后充分地实现自我价值和社会价值，难以找到适合自身的为社会贡献的途径。

重视、革新和优化针对大学生的思想政治教育，将教育落实在日常课堂教学中，将科学发展观作为教育教学的基本指导理论，在日常生活中鼓励大学生积极自觉地参与到各种形式的社会实践当中，深入人民群众进行学习，在社会实践中实现意志的磨砺和才能的提升，从根本上和现实意义上实践和强化个人能力，树立方向性强、清晰明了的个人奋斗目标，令学生在健康稳健的成长中成为真正意义上的高素质人才，即兼具充实的文化知识积淀和高尚的个人品质素养的人才，能够在风险中达成自我价值和为社会服务的目的。

第二节 大学生思想政治教育的现状和对策

一、当代大学生思想状况简述

应该明确的一点是，当代大学生群体的主体思想道德情况仍然出于积极健康的范畴。大学生在所有的社会人群中拥有最为先进和活跃的思想，能够以较快的速度和较为开放的态度来认知与接受新鲜或外来事物，具有一定的高智能特征，大学生的思想理念和行为习惯会受到时代特征的深刻影响，因此在观察大学生的个性和处事方法时，我们可以发现种种相当鲜明的时代特征。之所以认为当代大学生的主流思想道德状况较为乐观，处在积极健康的范畴内，主要是因为当代大学生往往具备以下一些特点：

1.积极方面

（1）奉献个人，注重集体，热爱祖国

当代大学生所拥有的强烈爱国热情是其突出的思想意识特征。在日常生活中，大学生并不会十分显著地体现出他们的内在爱国情怀，但在面临一些特定的突发性事件时，学生会将所有的精力集中在维护国家和民族的尊严上。当代大学生中有相当一部分人看待事物和社会整体具有长远积极的眼光，对自身的知识水平和工作能力给予充分的重视和锻炼，这些举措的目的在于培养自身的个人能力，为国家和社会的建设付出更多贡献，为人民更好地服务，因此这些学生对国家未来的发展有着充沛昂扬的信心。他们时刻将国家和集体的利益放在个人利益之前，当国家的部分地区遇到重大危机（如发生严重自然灾害）时，有相当一部分大学生会积极地投入到前线救援、捐献和运输物资、医疗献血的队伍中，甚至有些自身条件也十分拮据的特困生，他们需要通过勤工俭学来获取维持最低生活水平的生活费，但这些学生仍愿意给予他人帮助，对集体利益和荣誉维护上心，在集体生活中展现出自我奉献的精神。

（2）危机意识和责任感强烈

有一部分大学生在刚进入大学时就开始思索和筹划毕业后的就业方向和发展前景。比如，部分专科院校的学生，入校时明白地认识到仅凭专科学历找工作并不十分看好，因此在正式开始校园生活后，这些学生就开始规划未来两年之后的努力方向，想要争取本科学历的学生开始为考研计划做准备，努力学习落后科目；想要步入社会寻求工作的学生开始准备考取各种工作岗位要求的资格证书，并利用所有可以利用的课余时间外出寻找兼职，落实勤工俭学计划，在校期间便为未来的工作积累足够的工作经验。

（3）自重自爱，发挥个人价值

还有许多高校学生，对个人的荣誉和利益十分看重，在校期间尽最大努力争取个人的利益。如坚决地争取评选助学金、三好生等有一定利益可以获取的荣誉，甚至有些在校学生为成功评选助学金而专门和老师谈话理论。针对于此类学生，有观点认为他们过于计较个人的得失，不应鼓励类似行为，但这些举动也能反映出学生对于自我价值的重视。学生为自己的在校行为争取奖励正所谓"君子爱财，取之有道。"，他们对自我价值十分重视，并且采取公平的手段，这不啻为对其他学生的监督和激励，促使学生群体以公平、公正、公开的原则完善个人工作，从这一角度来说，大学生争取个人荣誉和利益是值得肯定的。

2. 消极方面

但是，我们还要指出，当代大学生群体中一样存在许多素质低下、道德流失的不良现象。

（1）理想信念不坚定，三观模糊不清，乃至歪曲

大学生的革命理想尚未树立完全，并未认识到自身肩负的使命，并确立起与之相应的远大抱负，甚至对社会主义事业的信念也尚未坚定，没有作为社会主

义接班人的合格思想觉悟和行动意识，这种现象在相当一部分大学生中不同程度地存在。这些学生往往不能在学习期间为自身确立起正确的人生观、世界观和价值观，过度计较学习生活中个人的得与失，社会责任感不足，不能认识到自己应当全心全意为人民服务的使命，甚至在校期间表现出混日子的态度，没有积极前进的奋斗意识作为指引。高中时只考虑"上大学"一个前进目标，但在上大学的目标实现之后，失去了奋斗前行的方向和意识，人生缺少明确的奋斗目标，因此也常有空虚沮丧、前途无望的感受产生。当代大学生常常声称自己感到"郁闷"，而这一情绪产生的主要原因就是奋斗目标与上进激情的缺乏，为社会主义事业奋斗的远大理想未能树立。

（2）社会公德感和责任感不佳

一项令人十分遗憾的事实是，一些高校学生的道德水平并不与其文化知识水平成正比。在正常的个人成长历程中，一个人具备的文化水平、受教育程度越高，其个人修养和公德水准也应越高，这一点是被社会各界所认可的。大学生是一个文化水平和教育层次较高的群体，也应当具备相应的道德素养和公众意识，但有些大学生并未在生活中体现出合格的道德水准，这些学生认为恶小可为之，诚信意识缺失、法律观念淡漠。有人在考试时做出各种违纪举动，如肆意作弊、聘请枪手、无故缺考等，这些在高校中已不是罕见情况。更有甚者主动"请缨"成为枪手，为一点报酬顶替别人进行考试，此外还有学生长期拖欠助学贷款不还，有些学生在校期间为一点冲突争执就和同学撕破脸，乃至拳脚相见。还有学生漠视日常生活中的个人修养细节，不分善恶美丑，认为诚实守信是迂腐不知变通，认为礼仪修养是虚情假意，反而将偷奸耍滑看作聪明，将蛮横无理看作真性情，在日常生活中不知检点，对待公共财物不知爱护和节省，个人卫生条件差，随地吐痰，乱扔垃圾，无故破坏公共建筑、设备和资料。

（3）学习的热情和动机不足，学习缺乏方向

许多大学生中在校学习期间的学习目的并不明晰，不知道自己为谁而学习知识，学习热情低下，学习动力缺乏，更有甚者会认为学习的源头是老师和父母的催促，而非个人的充实和提高，在家仅在父母的督促下学习，在学校仅出于应付老师的指标和测验学习。所以，其学习的积极性也十分低下，在课堂上不集中精

神听课，而是分神甚至睡觉，课前迟到、课中早退、翘课的现象时有发生，完成作业的态度也十分敷衍，仅为了交差而写作业，把大量的在校时间耗费在自我娱乐上。

（4）过于沉迷互联网世界，影响现实生活

在信息技术高速发展的当下，人们生活的方方面面都在受到网络的影响，被网络所改变，这其中也包括高校大学生，学生的生活习惯、学习与生活方式、交际思维、娱乐途径乃至日常用语都被网络所左右，网络在当代青年学生生活的方方面面，如学习、工作、日常思维方式，都产生了肉眼可见的影响。网络作为一个虚拟世界，以其高度的开放性和陌生人之间的互动性，往往被大学生作为交流现实感情、表达思想意识的场所。但过度纷杂的网络信息也会迷惑学生，使其一味接受别人的观点，难以以个人的客观视角和理性思路来分析网络上信息的可信度与实际价值。此外，网络世界对人的道德约束不足，人在网络上的自我把控和道德意识常常会脱离现实生活中的界限，乃至发生沉迷网络信息，远离现实世界，熬夜甚至彻夜上网，白天精神萎靡，难以在学习、交流上集中精力，最终耽误个人学业的不良情况。

二、大学生思想产生问题的原因

（一）家庭环境影响

学生会受到其所处的家庭环境和家庭教育的深远影响，父母、亲属、友人的言行举止都会在潜移默化间改变学生的个人行为和意识，并在学生的成长过程中逐渐对其人格进行塑造，这些足以证实家庭环境和家庭教育的重要性。在美国，家庭教育的本质是使孩子拥有独立生活的能力，父母的教育方向是要使孩子明白劳动的价值，引导孩子到家庭以外独立参与力所能及的社会劳动，无论家庭状况贫穷还是富裕，都要使孩子尽快掌握独立生活的能力。就目前我国人口组成情况而言，独生子女无疑在当下各大高校的学生中占绝大多数，而且，根据相关社会学统计的结果，高校新生中的独生子女与同龄的非独生子女相比往往彰显出更加明显的智力优势，但独生子女的社会交际能力又往往与有更多兄弟姐妹的同龄人存在差距，如在个人情绪的掌控能力，对待他人的亲和性，独立生活的意识和能力，面对困难时的信心、耐心和决策力，社会责任感等非智力因素上都不具备优势，这种情况在很大程度上受家庭环境因素的影响。有些家庭因为只有一个孩子，便对其进行过多的生活干预和日常保护，使孩子难以独立应对事物，没有得到充分的锻炼，因此在遇到困难时也缺乏独立处理的能力，此外还有过强的自我意识，讨厌不顺心的事情，为小事发脾气，情绪起伏很大，个人性格和情绪具有喜怒无常、难以把控的特点。还有些家庭环境具有更加消极的方面，如父母离异、家庭矛盾、家庭暴力及素质较低的亲属的不良行为都可能令孩子养成不良习惯，形成不合公序良俗的错误价值观念，而且在待人接物时固执地按照自己既成的标准和方式进行，由此产生了许多不良后果和负面影响，这些现象都来自学生入校之前的长期教育和日常生活中的习惯及观念的延续。由此可以看出家庭因素对青少年学生成长与人格产生的重大影响乃至决定性意义。

（二）社会因素的影响

社会因素即个人生活的周边社会环境的塑造和影响，当今社会上存在许多负面思想和不良风气，这些因素都会对处在青少年阶段的学生产生极大且不佳的影响。我国自实施改革开放的基本国策之后，迎来了举国经济体制、经济特征、政治体制以及意识形态等诸多国家方面的重大变革，在广泛受益的同时也受到了多方面的挑战，全国范围内各个领域的变化势必引发传统观念的剧变。大学生作为青年群体，具有信息灵敏、意识淡薄、思维敏感的特点，在面对社会思想浪潮的冲击时往往难以作出正确的判断，在采纳自以为正确的观点时却可能与初衷乃至社会公德背道而驰。还有人受到社会范围内的权钱交易思想、权力至上主义等歪风邪气的影响，一味追求、崇拜和倚靠权力与金钱，一些社会地位较高的人家的子女可能在文化素养并不优秀的情况下凭借父母亲戚的权力轻而易举地谋求优越的职业与地位，而普通人家的子女即使具有真才实学，也难以在实际求职时与社会高层人士的子女竞争，这就使学生的个人前途无法被真实成绩与能力所决定。诸如此类的恶劣风气与现象会腐蚀大学生的理想信念，使其在为社会上的不公之处郁郁不平的同时，奋斗精神受到严重打击，从而逐渐消磨原本的志向与观念。

（三）学生本身因素的影响

青年学生（18~20岁）所处的人生阶段是其一生的成长历程中心理变化起伏最为明显、发展状态最为复杂多变、个人的内在矛盾和变化最为激烈的时期，是一个人在幼稚与成熟、不稳定与稳定之间的快速过渡时期，因此这个时期有时也在心理学表达中被称为"心理断乳期"，人的许多人生思想习惯和生活对策都是在"心理断乳期"形成的。学生在接触和融入全新的学习、工作与生活环境时，会面对和处理各种比童年和少年时期更加复杂的人际关系，许多学生因其品质、认知和感情等方面的不成熟，以往解决问题的思路和习惯以及培育的心理素质不再适应当下的实际情况和需要，因此这些学生会不可避免地产生一系列心理上的问题，这对于每个人的成长与发展来说都十分正常，甚至是必要，可以说是人从幼稚走向成熟的必经阶段。但有一些青年学生并不能对自身的一系列客观变化进行正确的认识和应对，盲目地沉湎于自身不必要的焦虑、恐惧、臆想和自闭等心理，很难适应自身的内在改变和外在环境的改变，这些现象会在很大程度上阻碍一个人思想、行为、个性等品质方面的健康成长，在其未来的人生道路上埋下难以解决的障碍。

（四）学校管理因素的影响

合格的学校应当具备多样化的管理模式，而且，在当今社会各行各业不断变革与前进的情况下，教育体制也会迎来全面而深入的改革，因此教师针对学生的管理方式也要体现创新和发展。如今，"构建和谐社会"是党中央对全国宣发的重要号召，因此学校也应相应地建立"和谐校园"的文化氛围，在学生的管理方面，不能仅靠批评和处分来解决，特别是许多学生的心理方面问题并不是简单粗暴的惩罚可以预防与避免的，合理的学生教育策略应该体现严格与人性化并重的特点，在以校规校纪对学生行为举止进行规范的同时，也要给予学生足够的情感关怀，这就是所谓的人性化管理策略，要使学生在充满人情味和人文关怀的环境中安心地学习，而非以强制性的压力逼迫学生，使学生感觉自己处在冷漠的监视与管制之下。就当下的高校实际情况来看，学生的住宿安排并不一致，有走读的学生，也有住校的学生。其中走读生的个人作息安排相对自由松散，住校生的生活安排受学校管理，按照规定的时间点和时间段起床、洗漱、进餐、早晚自习和休息等，更加规范化和半军事化。在住宿之前，有些学生习惯了家庭生活，难以适应学校的统一管理，因此也常有违规违纪的问题发生。对这样的管理方式，绝大多数学生是习惯的，家长也放心，学校也好管理。在处理少部分学生的个人错误时，应当主要借助谈话、沟通、引导的方式，结合人性化的教育理念，做到在情感上真正触动学生，不能一味采取严格的强制型管理手段，而忽略了人情对学生的教化作用，要以循循善诱的方式使学生理解学校规章制度的用意，自觉服从校规校纪，培养在校学习生活的良好习惯。

三、大学生思想政治教育的特点及存在的问题

从目前的教育实际来看，社会状况、时代特征以及大学生在个人成长环境下形成的自身素质都会影响大学生思想政治教育工作开展的具体过程，并使其较以往而言呈现出多方面的变化。当下教育工作的重点也在于对大学生思想政治的教育方针展开创新性的探索和实践，在我国各大高校现有的教育资源和手段的基础之上，在各类专题性教育当中体现党的十九大精神。

（一）开放性

当代大学生所处的社会环境是基于我国的全方位改革开放基本国策而形成的。他们从小所融入和成长的是一个多元化的社会；接受的教育也有很强的多元立体性特点。从对外开放的基本国策、21世纪的高速信息网络，到渗透到普通人生活的方方面面的现代沟通网络，都会时时刻刻诱惑好奇心强的青年大学生群体，并以其巨大的信息量和错综复杂的信息内容对青年群体产生极大的冲击。五花八门的外来观念、全新思想、流行文化和国际信息，会随各国之间的经济、文化、政治交流涌入中国国门。这当中包含了许多极具价值的学术资料、娱乐新闻、经济快讯等内容；又夹杂着层出不穷的低俗、暴力、反动信息，在互联网环境中形成十分恶劣的影响效应。面对这些情况，青年大学生必须掌握鉴别有害信息的思想和方法，从形形色色的外来观点、新式思潮、流行文化、即时信息中判定和祛除落后腐朽的部分，选择和采用有益的先进思想。社会环境的大幅度开放也对学

校教师的固有地位产生了挑战，思想政治教育中的教师身份乃至这项教育本身的原有意义也不再像原先一样稳固，作为学校教育中的一个科目，思想政治教育是不能阻断学生接收和分析信息的方式的，而且其自身也会不可避免地成为学生接收、分析、考量与选择的对象之一。

（二）主体性

青年时期不管在何种年代都是拓展自我意识、延伸自我需求的时期，较其他年龄段的社会群体而言，青年人对于独立自主的愿望更加突出和强烈。在改革开放政策的推动和市场经济的发展前提下，高速发展的信息技术与日益凸显的文化竞争促进着知识经济时代的来临，科学技术在经济社会中起到的带动与引领作用越发明显，信息知识与高素质、全方面人才逐渐成为国际社会共同追求的对象。对于人才及其价值的重视和培养是促使当代青年自我主体意识觉醒的关键因素之一。当代青年大学生对个人价值十分看重，致力于追求自我进步与自我成功。类似这样的理念和行为都是青年学生满足作为独立个体自我发展与自然成长内在需要的表现，以外在性的方式彰显了完整的人的自决性与独立性，反映了人固有的对独立、自尊、顽强向上的道德价值的追求，对于人的成长起着不可忽视的进步意义。目前社会环境的整体发展趋势是尊重个性发展、维护个体权利，给予个人发展以足够的空间和充分的关注，因此青年大学生往往也会采用更具批判性和颠覆性、更加创新的思维角度去看待、思考和评估问题。而基于这种强调个人意识和个人解放的思想文化氛围，针对青年大学生的社会主导价值观教育就成为一个亟待直面的教育问题，目前高校思想政治教育的追求方向和领域特征就是如何使受教育的青年大学生自然而然地接受思想政治方面的教导。

（三）差异性

高校的教学环境是一个开放复杂的环境，接纳的是来自全国各地不同地域的大学生。而我国各地区之间的经济发展水平并不一致，学生在进入高校之前所接触和成长的环境不尽相同，因此学生与学生的差异也十分明显。思想政治教育是一门需要"对症下药"的教育学科，其具体教学方式按照学生各自的不同特点有所差异，以期通过最为合理的手段达到指定的教育效果，这是当下诸多高校的思想政治工作都需要采取的思路和需要解决的问题。针对青年大学生的思想政治教育必须跟随时代的发展和学生的个人成长，体现自决性、开放性和个性差异性等特征，同时也要充分利用学生的各方面发展都具有较强可塑性的少年与成年之间的过渡期，使学生顺利步入成熟的人生阶段。我国在当下的国内国际局势下，仍然在改革开放政策的引导中保持经济稳健发展的势头，并取得了世界范围内有目共睹的经济发展成果，与此同时，我国全面深化政治领域内的体制改革，大力发展科学文化事业，致力于提升我国人民的整体生活水平，这些实际的发展成果无疑能够为我国青年学生的健康全面发展奠定物质基础和理论基础。而就青年自身的群体特性而言，其固有先锋性、进取性趋势会在历史发展的整体趋势中保持稳定和外在显露，这也会为青年价值观向积极层面发展提供引导。高校要落实好思想政治教育工作，就必须始终用正确的思想导向引领工作，在教育的方式和内容等方面体现应具备的现实性、方向性和科学性，这样才能在青年大学生的思想政治教育工作中取得令人满意的成效。

四、大学生思想政治教育工作的对策

就目前大学生思想政治教育工作所体现的新特点和面对的新情况而言，思想政治教育可以被我国的各大高校纳入第二课堂中，作为开展活动和评估学生能力的环节，具体内容和方向包括对学生价值观、人生观和世界观的深入教育，对校园文化的挖掘和构建，对学生各方面素质的塑造，以及在社会实践中对大学生综合能力、奉献意识和社会责任感的提升，着力打造团结能干的学工队伍，从教育工作的实处完成思想政治教育工作方式的改进与教学效果的提升。

（一）发挥主渠道作用

爱国主义、集体主义和社会主义核心价值观以及对学生正确世界观、人生观、价值观的引领与塑造是学校思想政治教育最本质的核心内容。第二课堂这一教育形式是教育工作者在面对新时代大学生所需要的思想政治教育的新特征和新趋势时可充分利用的方式，如果将思想政治教育同第二课堂工作进行科学的有机融合，则可以在文化理念、利益取舍、理想信念三个角度对学生进行全方位的社会价值观引领，对学生的世界观、人生观、价值观进行有效的塑造。充分发挥学生个人的理想信念的作用，为其将来的前进道路提供有力的精神支柱，并借助理想的力量将校园中的学生紧密团结在一起。发挥马克思主义理论在思想政治教学中的引领作用，对青年学生定期展开马克思列宁主义、毛泽东思想、邓小平理论、"三个代表"重要思想、科学发展观、习近平新时代中国特色社会主义思想、党的十九大报告精神的教育，使学生对现阶段应了解的思想政治基本理论进行全面了解，以自身的个人体验和思考对所学理论进行深入领悟，在实践中参透理论知识，使所学变成所感、所悟和所用，对于学生的世界观、人生观、价值观进行持续性的正确引导。个人乃至集体的信念决定着事业的成功与否，因此要使青年学生群体具有足够坚定和积极的理想信念与奋斗前进方向，充分发挥理想信念的根基性和引领性作用，使青年学生的思想和行为始终维持在正确的人生方向上。

（二）加强校园文化建设

校园文化是一种群体性的文化，它的实施主体是在校师生，主要依托的形式是校内组织的各类文化活动，突出特征是某一高校特有的校园精神。这类文化在广义上涵盖的范围与内容相当宽泛。从实质性的校园环境的安排与维持、校园建筑（尤其是其标志性建筑物）所体现与蕴含的文化理念、反映的校园历史，校园景物设置上采用的审美观念等物质性方面，到精神领域的校园文化环境、在校师生共同认可的学习和发展价值观念、校内人员共同遵守的道德风气、校园内部的校规校纪、对本校学生的行为举止要求、建设校园文明环境的实质要求，等等。综上所述，校园文化的体现形式兼具有形和无形两种模式，既可以通过实体的物质，如校园内风格多样的建筑、风景、文化活动、师生行为准则等外在层面表现出来，又可以通过无形的理念，如不同学校的校园风气、教室气质和学生精神面貌等较为主观的方面表现出来。需要强调的一点是，校园文化并非一朝一夕造就的，它的形成来自高校长期办学教学、构建发展的历程，并且会在校园生活的诸多方面体现出来，是一种特色极其鲜明的，集物质文化、精神文化和体制文化于一体的综合性文化。

1.建设优良校风

校风就是一所学校内特定的风气，是全校师生人员在一致的方向的引导下，经长时间的共同践行而在校园生活与日常程序中形成的一种独特的氛围，其主要内容要素包括校内人员的价值观念、思维形式以及举止作风等。校园文化建设开展的第一步在于在校内塑造勤奋好学、踏实严谨、刻苦求实、开拓创新的优良校风。一个学校的校风就是该学校内全体构成人员的情怀、意念、文化素养、行动能力、道德水平等诸多个人能力方面综合素质的具体体现，通过一个学校固有的校风，我们可以评判该学校办学水平、员工素质、师生精神面貌等内容。如果在校内培养优良向上的校风，可以对全校师生产生显著的引导功能、同化功能和激发鼓励功能，在无形中影响和改变青年大学生作为校园生态组成部分的固有思想内容和价值观念，潜移默化地对大学生的价值选择、行为方式等进行引领和导向，让大学生在学习生活中向着一致且合理的方向与目的前进。所以，校风的建构与发扬是高等学校内思想政治教育工作的重要环节，更是建设校园特有文化的核心内容。

优良校风应当具备勤奋好学、踏实严谨、刻苦求实、开拓创新等基本内容和理念。一个合格的全面创新型人才必须具备勤奋好学、踏实严谨、刻苦求实、开拓创新等个人能力作为创新实施的基本素质，因此，高校也应当着力于营造勤奋好学、踏实严谨、刻苦求实、开拓创新的校园风气，为人才的培养与鼓励创造出合适的环境条件。

2.积极开展社会主义精神文明创建活动

高校开展思想政治教育的一项重要和有效途径就是在校内定期组织社会主义精神文明创建活动，这项实践需要广大青年学生积极、踊跃、广泛的参与，作为实践的主体和发扬社会主义精神文明的主力军，让青年大学生以积极的态度充分地参与到各式各样的社会实践活动当中去。其中，开展社会主义精神文明创建活动必须坚持以马克思列宁主义、毛泽东思想、邓小平理论、"三个代表"重要思想、科学发展观、习近平新时代中国特色社会主义思想作为指导思想，深入学习。

充实且富有多样性的活动内容是社会主义精神文明创建活动开展的基础要求。社会主义精神文明是一个涉及与涵盖范围十分广泛的概念，其落实的重要形式之一在于高校大学生的各类社会实践活动，要深入开展与推进不同方面、不同形式的社会实践，使学生在活动中深入体会社会各个领域的劳动与付出，在活动中充分认识自我、提升能力、全面进步。社会主义精神文明创建活动的开展形式应当具有灵活性和多样性，如全面构建和优化文明美丽的校园环境，在课余时间设置内容多样和趣味性强的文化、科技、音体美活动，在校园内开展文明教室、文明班级、文明宿舍等评选活动，争做文明大学生。

（三）加强教职工队伍建设

作为高校思想政治工作的主要承担者，学工干部队伍有必要强化自身建设，保障和提升自身道德思想、政治素质和人格魅力，在学生中间获得信任与威望，切实担负起"良师益友"的角色。此外，教职员工也是高校思想政治工作的重要主体。要充分发挥思想政治工作的渗透性，才能落实这项工作的真正意义，而能在高校生活中实现这一点的正是广大教职员工。教职员工应当在高校范围内自觉承担起深入开展"三育人"活动的责任，将其作为自身的根本性工作任务，对思想政治工作树立积极参与的意识，而不能仅将思想政治工作集中在学工干部身上。

第三节　大学生思想政治教育与辅导员

一、辅导员对大学生思想政治教育的影响力

（一）大学生的思想政治觉悟

此处所要表达的影响力指的是特定的个体或小范围群体的思想政治理念和行为对更加广泛的群体所产生的影响。类似这样的影响力并不受权力的强迫或者法律条文的约束，它的传递方式主要是受影响者对于接收的思想理念的自觉自愿接纳，并能够凭借广泛的传播性将影响范围拓展到更大范围内的人群。但是就目前的情况而言，高校中拥有思想政治觉悟感召素质的辅导员的情况并不乐观，这些辅导员往往处于相对弱势且被动的处境中，而且思想政治影响的结果也往往流于表面。这些问题的根源性因素在于社会全体围绕经济发展而进行的全面高速建设，

市场经济在社会中的主导性地位会极大地影响和冲击教育工作的开展，还会在各种诸如社会文化、思想、重大事件、公众人物等复杂因素的影响下，消极化、庸俗化思想政治教育，使受教育人产生冷淡漠视之感。在层出不穷的现实因素的影响下，教育机构必须采取紧跟社会形式发展的变化性措施，及时更新所贯彻的教育理念，以保障思想政治教育工作效率的稳定以及教育内容性质的正确。当然，每个人作为独立的个体都有个性上的独特性，每个人与每个人之间都存在不可忽视的差异，因此思想政治教育的开展所要考虑的影响因素远不局限于上述因素。党的十八大以来，国家对教育事业给予了高度的重视程度，对思想政治教育队伍的建设提出了更高的要求，指出了培养足够的高素质思想政治辅导员任务的必要性和紧迫性。在校园教育和生活中，辅导员的任务不仅在于落实课堂中的理论教育，更在于将思想政治理论在学生的日常生活中加以传播和深化，使学生的个人思想行为符合思想政治教育的要求标准，还要在社会层面将思想政治教育付诸实践，使其为社会建设作出贡献，真正做到为人民服务。

辅导员是扩展与深化学生思想政治教育的主导性和核心性力量。高校辅导员可以通过以下形式对校内青年大学生展开思想政治教育工作：对学生的思想政治理论水平进行拓展提升；着力培养大学生优秀的道德素养；使学生高度重视并持续提升自身的思想政治觉悟等。思想政治教育的影响力是一种战略层面的影响力，能够在学生群体间引发强烈的共鸣，发挥积极的思想因素的作用，彰显社会正能量。积极的思想因素是人类社会得以发展进步、创造新鲜事物的根本动力，人的思想行为往往表现为在确立具体的目标后推动社会向理想方向前进。没有思想基础，行动就缺乏动力和方向。因此我们认为，辅导员思想政治素养的培养提升需要战略性眼光与思维的指导，只要这样，才能用社会主义思想政治理论武装当代大学生的头脑，坚定理想信念，为社会主义事业做出突出的贡献。

（二）为新时代中国特色社会主义建设储备力量

思想政治教育的形式包括实体性和寓他性两种，这二者的特征都是在体现经济建设工作中总结政治经验的同时，基于经济、管理、发展前景等因素对思想政治教育工作进行指导。这些教育方式的根本都在于引导学生灵活地将书面学到的知识实际投入到社会主义建设的实践当中，为广大人民提供服务与贡献。一切教育内容都是不能独立于其他社会内容而存在的，其中思想政治教育尤其要考虑到各种复杂的现实因素。对于思想政治教育的综合性的分析研究必须基于激发人的主观能动性的目的展开，要充分明确思想政治教育同社会发展趋势的紧密联系，新式教育思想必须在相应的革新性政治经济体质下才能得以广泛推行和深入发展。因此思想政治教育必然要紧随社会发展的趋势与方向，纳入科学技术的发展和经济环境的变化等影响因素，让学生对思想政治教育渗透入社会各行各业的实际意义进行深刻的感悟。世间万物之间都存在不同形式的联系，这是唯物主义辩证法理论之一，而在社会主义建设事业当中融入和采用思想政治教育理念，使其借助教育工作者的努力，成为社会各界不断发展前进的精神动力，就是现代思想政治教育中"以人为本"思想、全面协调可持续发展理念的具体体现，能够对社会群体产生深远持久的积极精神影响。

（三）增强大学生进入社会的全面认知能力

思想政治教育主要具有两方面的价值，即促进人的全面自由发展和推动社会的全方位发展。而这两个方面也是针对大学生展开全面性思想政治教育的认识开展基础。对学生进行思想政治教育的最终目的在于使学生成才后具有足够的思想觉悟，为社会主义建设事业作出自身的贡献，落实为人民服务的理念。我们党执政一向的根本宗旨就是全心全意为人民服务。因此思想政治教育的目的和作用也可以归纳为全心全意为人民服务。教育者必须清楚地认识到并自觉承担起培养为社会主义建设事业贡献力量的新时代全面型人才的职责，其中，思想政治教育者尤其肩负着培养高校大学生思想觉悟的责任。

通常情况下，人的世界观形成的时段是十八岁左右，而就大学生群体而言，他们的世界观往往形成于在高校的学习生活时期，高校的教育、环境、人文气息等都是大学生的思想政治教育形成的基础，高校也是协助大学生从多个方位提升自我认知能力的环境。而在学生离开高校校园，将视野和认知范围拓展到全社会各个领域之时，应如何保障和维持学生合理的人生观、价值观和世界观，如何使学生在面对纷繁复杂的事物时掌握足够的认知能力呢？相关统计和研究结果表明，大学生在高校期间接受的正确政治思想和影响力深远的思政教育会在其未来的人生道路上深刻地影响其价值观的形成，使学生能够准确地辨别和判断各类社会信息与事物的可靠性、影响力。大学生在校学习期间，其政治信仰也会受到相关的专职辅导员的影响和改变，辅导员政治素养和感召力的合格与否决定着所教导学生的思想政治觉悟。目前高校思想政治教育的一大发展趋势在于"社会化"，培养在大学生针对社会现象和社会发展的批判性观察视角与思维。思想政治教育的社会化目的在于使教育对象成为社会化的人，真正顺应社会发展的现实需求。思想政治教育必须紧跟时代前进的脚步而发展，否则就会导向陈旧与僵化，无法在社会实践中发挥真实作用。思想政治教育的社会化核心要求在于借助学生的实际社会生活来实现教育的目标，完成并持续促进受教育个体的发展，并借助思想政治教育来维护社会的团结和发展。思想政治教育的社会化是一项庞大且细致繁杂的工程，对大学生群体的思想政治觉悟程度以及认知与判断能力、社会生存能力和全面发展能力。这些都是需要通过社会实践来检验的方面，从中可以判断出在学生在校学习期间对其进行指导的辅导员的能力与素质，以及学生在校期间培育的人生观、价值观和世界观。

21世纪是属于网络的时代，21世纪的社会是由信息网络联系和构建的社会，借助互联网，不论身份、地位、地域、性别、年龄如何，所有人都可以和世界上的其他任何人产生信息联系，进行即时的沟通和交流。网络在人与人之间构建起了一种即紧密又疏远的联系。网络世界带来的影响具有多样性，其包含的纷繁复杂、良莠不齐的内容信息会对大学生的思想政治教育工作提出重大的考验，其中既有积极的、能够启发和促进人的道德品质与思想觉悟提升的正面信息，也有诱惑和误导人的有害信息。因此，在互联网时代，学生必须具有足够强大的认识、辨别和取用能力，能够经受思想自由浪潮和理想观念冲突的激荡，这一点也是思想政治教育社会化的目的之一。认知能力的另外一项作用和具体表现在于人们在面对当今知识爆炸的年代时，要合理把握与他人之间的恰当距离，体现正确的世界观、人生观和价值观，这一点来自人在自我意识成形之后对世界产生的认识。可以从不同的视角和方位对现代大学生进行思想政治教育分析，单一地从理性和非理性的角度发掘思政教育对学生的影响作用并不完整。大学生在新时代的社会发展要求下必须充分认识到自身肩负着作为未来社会发展主力军的身份，并自觉肩负起承担祖国未来发展的责任，这样才是真正达成了思想政治教育的最终目的。

合格的现代思想政治教育应当使大学生在个人与社会之间建立起共同发展、共同进步的联系。在当下教育环境中，针对大学生进行的思想政治教育实质上也是高校辅导员对自身思想道德、政治素养、处事能力的全方位再教育和综合评判，是辅导员实现自身作为教育人员的职业价值的手段，因此，辅导员应当在对学生进行思想政治教育的环节中引导学生以正确的方式和思路看待不同的事物与外部世界的整体，教导学生全面提升个人素养、待人友爱诚恳、处事认真负责，做一个真正值得信赖的人。只有将教育环节的任务落到实处，让学生作为独立的个体，在对自我的审查中不断进行自身完善，一步步提升各方面的素质，成为一个全面发展的人才，为自身未来的人生和社会的未来发展创造新的希望。

二、辅导员开展大学生思想政治教育的优势

（一）教育过程的全时性

高校辅导员的工作具有区别于其他教育工作者的特殊性，这一点使辅导员可以随时随处对大学生进行思想政治教育工作，不受到时间和地点的限制。就目前各大高校的真实教学情况来看，对辅导员的要求往往都是 24 小时在岗和待命，在学生课前、课后的时间段内，在自身规定的上下班时间前后，辅导员都要能够及时给予学生指导和帮助。可以说，辅导员的干涉和协助是自新生入学到校内正式学习，再到毕业离校的整个过程的。因此我们也认为，辅导员是高校内能够最大程度上接触和帮助学生的群体，他们作为高校的教职员工的一部分，与学生之间有较长的相处时间，也往往能在大学生当中展现出更多的人性化帮助、获得较高的信赖和支持，因此当然也就成为大学生日常生活中思想政治教育开展与推进的重要力量。

（二）教育方法的多维性

大学生较其他学生群体，其思想具有更深的复杂性，这就要求针对大学生进行的思想政治教育工作也需采取多种多样、灵活变通的方法。高校辅导员对大学

生进行思想政治教育的通常方式一般是召集学生开展内容明确的主题班会，在班会过程中向全体学生灌输所要传达的理论内容，此外，还可以通过日常化的谈话交流，在潜移默化间向学生传达思想政治理念，以更具亲和力的朴实方式疏导和引领学生的思想；不仅可以借助妥善筹备组织的集体性活动来实现对学生的熏陶与感召，还可以诚心诚意地协助有困难的学生改变自己固有的思想；此外还可以通过指向性、实践性较强的指导规划来引领学生的发展目标。采用多维全面的方法，以期让高校辅导员针对大学生开展的思想政治教育活动彰显出教育工作特有的整体性优势和全面的综合性收益。

（三）教育路径的日常性

《高等学校辅导员职业能力标准（暂行）》（教思政〔2014〕2号）对高校辅导员有如下定义："大学生日常思想政治教育的组织者、实施者和指导者"，因此，从这一点来看，高校辅导员对大学生进行思想政治教育的主阵地并不局限于单纯的课堂范围，而是覆盖大学生在校期间各个方面的校园生活。辅导员对大学生进行的思想政治教育体现在其在学习生活的过程中，协助大学生解决实际遇到的各种难题与困扰。辅导员引导刚入学的新生融入校园环境、适应大学生活和规章制度的方式包括开展主题班会、在学生间组织起相互的交流讨论等多种形式；向寻求毕业后从事理想职业的学生提供毕业手续办理、就业指导规划等服务；向家庭环境较为贫困的学生发放奖学金补助，引导其勤工助学，以此解决学生经济上的困难；以党团组织、班级宿舍等形式为单位，加强对学生集体意识的构建。要切实解决学生在校园生活中遇到的各种问题，改变学生的固有思想，就应当从教育路径的日常性入手，进一步提升针对大学生的思想政治教育成效。

（四）教育效果的渗透性

大学生在思想意识上的问题往往来自其日常性的学习和生活，从这一点来看，在大学生间开展的思想政治教育必须深入学生学习、生活的各种层面，才能产生更明确的针对性，取得更加实际和突出的效果。当下，高校思想政治教育难以取得成果的主要原因在于教育内容、形式等方面与学生实际生活的脱节。高校辅导员应当准确掌握学生的日常生活情况，将思想政治教育同日常生活内容进行有机结合，使教学方式能够被学生认可和接纳，在平和自然的气氛环境中开展高校思政教育，使教学体现出强大的渗透性，避免教育内容同实际生活的脱节。

三、辅导员开展大学生思想政治教育的策略

（一）突出思想政治教育的核心地位

高校辅导员是学生日常思想政治教育和管理工作的组织者、实施者、指导者。要顺利开展高校辅导员的工作，就必须事先对高校的思想政治教育和校园内部的工作管理内在关系有全面合理的认识以及采取恰当的处理方式。中国共产党在开展思想政治教育工作时，历来践行的原则和遵循的经验都是将思想内容与解决实际问题相结合。为大学生解决现实生活中遇到的问题也是校园内事务性工作的过程处理中的一环。辅导员进行的思想政治教育工作应当主要依托于日常的学生事务管理，可以认为，高校辅导员针对学生开展转向思想政治教育工作的独到优势就体现在这一点上。高校辅导员应当在日常工作中重视和体现思想政治教育作为指导性思想的核心地位，在学生间广泛深入地开展以理想信念塑造和社会主义核心价值观培养为主要内容的学习教育活动，在实际的教育管理和服务工作中注重工作的各个环节与阶段的彼此衔接，着力于引导和规范大学生的思想政治教育和价值取向，为学生的思想政治教育工作组织起关联紧密的信息网络，在实际教学中使学生对"四个正确认识"形成充分认识。

（二）着力打造优异的思想政治教育产品

教育虽然是抽象的概念，但其实现和践行仍然寄托于实质的教育方式。辅导员要充分发挥高校所掌握的各种教育资源的作用，将各种可操作的教育要素进行创新性搭配，使所打造的教育产品具有崇高的立意和深刻的教育价值，让学生在接受教育产品的功效的过程中体会到充分的情感触动和道德教化，同时也可以参与创造教育产品的过程，充分体会教育的实施经过，并在其中全面提升个人的能力和学习工作的自信。而教育产品的具体形式可以是某种能够激发学生的参与热情的、具有显著实践性的教育活动，也可以是某类包含充足多样的交流性内容、具有广泛影响力的多元化教育互动平台，或者是某类能够对学生起到示范性作用、

能够广泛应用、值得在全国范围内推广的教育管理模式，再比如某些可以为学生在工作中遇到的共性难题提供解决启示的工作案例或者具备各种学生可能接触的要素的"工作说明书"等。思想政治教育产品不同于一般产品的特征是，它的生产目的往往不在于获取利润，而在于为学校的教育教学创造更优质的效果提供实质性载体。因此，要打造更优更精的思想政治教育产品，就要具备充分的精品意识，在教育中传播人生正能量，发挥教育的深层次作用，看重教育效果的回馈，在教学中使大学生朝着正确的世界观、人生观、价值观发展。学生是思想政治教育精品的服务对象和工作核心，因此思想政治教育产品的打造也要以学生为中心，体现对学生的人文关怀和诚意服务，教育工作者要切实把握和深入了解新时代背景下大学生的思想个性特征，对教育教学的顶层设计进行持续性强化，在教育中贯彻项目制的理念，重视工作前期的学生需求考察、过程监督管理和教学效果采集分析，保持产品质量的稳定和优化，大力推行"供给侧改革"，使思想政治教育产品呈现多样化的形式和便于学生采纳接受的途径。

（三）积极构建协同育人有效机制

高校思想政治教育的本质是一种具有系统性的工程。辅导员要想将这项工作落到实处并取得理想成效，就应当在教务、宣传等多个部门之间进行协调和划分，明确各部门的作用和意义，妥善处理各部门之间的关系，充分地调取和利用高校所掌握的多种类别的资源，为校园内部的协同育人工作打造高效运作机制。辅导员要想确立起协同育人的合理机制，首先就应当对学生工作的主要内容责任有清楚的认识，将学生工作队伍中的主业和同另外工作的交汇分配点进行合理的划分，分清哪些工作的主体是学生工作队伍，哪些工作的主体要求学生工作队伍的辅助来完成。基于这样的全面性认识，将具有合格水平的专业课教师和行政管理人员引进到教育工作当中。采用专业课教师担任班级导师、班主任等作为一部分学生工作的协同力量，对大学生的思想政治教育工作进行充分的完善；还可以在校内实施处级干部联系班级制度等措施，将行政管理人员投入到育人的行列中，让行政管理人员置身班级建设之中，为学生的健康成长提供指导和帮助。这并不仅是将学生工作与其他的工作进行协同划分，还涉及辅导员自身工作项目的内在协同。教育、管理和服务是我国高校学生相关工作的三个主要体现方面，要想顺利开展大学生思想政治教育工作，就必须将三者进行有机结合，达到融会贯通的效果。

第三章　高校辅导员与大学生心理辅导

高校辅导员组织、开展和引导着高校学生管理工作，也是大学生心理健康教育的践行者和重要力量，是学校心理研究与咨询中心与学生之间的桥梁。本章主要内容为高校辅导员与大学生心理辅导，分别论述了心理健康概述、大学生常见的心理问题、大学生心理健康教育的重要性和大学生心理危机与预防四个方面的内容。

第一节　心理健康概述

一、心理

心理包括人的感受、知觉、思想、记忆、个性、取向、意识导向等心理现象。它并不是一种难以判定的现象，而是人们时时刻刻可以体验到的个人感受，但这也是一种十分复杂而难以具体把控的现象。在心理学理论中，人的复杂心理现象可区分为两个互相关联的方面：心理过程和个性心理特征。

心理过程顾名思义，即人的心理活动在各种客观事物的影响下发生与变化、一定时间段内大脑对客观事物进行反映的过程。心理过程包括认识过程、情感过程和意志过程三种。一个人经常在实际生活中展现出来的较为确定的本质性心理特点即这个人的个性心理特征，包括能力、气质和性格三个方面。心理过程和个性心理特征之间存在密切的联系，彼此依存，是人类心理现象的两个主要方面。

二、健康

"健康"一词在汉语中最早出现于我国古典典籍《周易》，健康问题的本质是生命问题。1948 年，联合国世界卫生组织对"健康"一词提出了明确的定义："健康不仅指没有疾病或躯体正常，还要有生理、心理和社会适应方面的完满状态"[①]。20 世纪的世界快速发展，人们的生活水平和思想观念在变化，1989 年，世界卫生组织提出了针对"健康"的全新定义，"健康不仅是没有疾病，而且包括躯体健康、心理健康、社会适应良好和道德健康"[②]。较为全面的健康理念应当有以下三个方面：人的肢体和各器官等生理构成的健康和正常运行的机体功能，即良好的身体素质，这其中也包括科学的生活习惯；心理健康的主要构成是个性心理特征和个体道德情操，能够准确认识事物、保持积极的心态和稳定的意志，以及符合基本道德标准的个人素养，包括明辨善恶、区分真伪、明晰荣辱等是非观念等；健康的社会关系主要分为社会适应能力和人与社会的关系处理，能服从社会公认的规范原则，对自身的言行举止进行管控和约束，能较为自然地融入社会环境，并正确认识和有序安排自身的人际关系、社会关系。

三、心理健康

《简明不列颠百科全书》对心理健康的定义是："心理健康是指个体心理在本身及环境条件许可范围内所能达到的最佳功能状态，但不是十全十美的绝对状态。"[③]

1946 年，第三届国际心理卫生大会对心理健康进行了这样的概述："所谓心理健康是指在身体、智能以及情感上与他人的心理健康不相矛盾的范围内，将个人心境发展成最佳状态。"[④]

目前为止，国内外的学术界对心理健康的定义仍有许多不同方面和内容的论述，而且尚未就这一名词的准确定义达成较为统一的共识，不过仍有许多学者在

---

① 王朝庄，张婷. 大学生心理与健康 [M]. 北京：科学出版社，2008：3.
② 陈选华，王军. 大学生心理与心理健康 [M]. 合肥：中国科学技术大学出版社，2014：1-2.
③ 简明不列颠百科全书 [M]. 北京：中国大百科全书出版社，1985.
④ 欧阳辉. 大学生心理健康学 [M]. 沈阳：辽宁教育出版社，2001：5.

对心理健康的认识上表现出了相近的导向，这些学者大部分"强调个体的内部协调与外部适应，将心理健康视为个体内部协调与外部适应相统一的良好状态。"[①]

心理健康的概念中包括了以下几方面的意思：

1. 动态性

心理健康描述的对象是人的心理状态，因此心理状态的健康与否并非固定的书面标准和指向明确的表述，它是一种相对而言的状态，随着个人情况和外部环境而变化。即便是完全没有任何心理问题的人，其心理状态也不是保持在一个完美或者较为完美的水平上没有变化，而是能够通过不断地调整，将自我的心理状态保持在一个相对稳定、相对较为理想的水平上。

2. 平衡性

既然心理健康是动态变化的，而人的心理状态可能随时都会发生一些细小的甚至明显的变化，那么是不是说，当心情落入低谷的时候，我们的心理就处于不健康状态呢？心理健康中的平衡指的是一个人具有调节自己心理状态平衡的能力，即使在某些时候会觉得状态糟糕，但是能够在一定时间内通过自我调节恢复到一个正常的水平，这样的人就是具备心理平衡能力的人。

3. 功能性

心理健康的功能性主要体现在符合心理健康标准的人必然具备符合常识的社会功能，比如，能够正常与人交流，能够生活自理，能够良好地进行学习、工作。

总之，从整体上来看，心理健康的人能够较为良好地应对社会生活，小到穿衣吃饭、与人交流，大到升学、就业等方面，都能够适应良好，这是一个心理健康的人所具备的社会功能。

四、心理健康的标准

心理健康的研究方向主要包括心理健康的本质研究内容和判定一个人心理健康的标准。但是就这两点而言，学术界尚未达成一致的意见。得到国内外广泛认同的心理健康标准是一项具有时效性和复杂性的研究，因为这一标准不仅涉及研究对象的个体差异，又涉及研究对象所归属的社会、自然、文化环境的差异，此

---

① 陈选华，王军. 大学生心理与心理健康 [M]. 合肥：中国科学技术大学出版社，2014：3.

外还关系到诸如动态性和相对性等心理健康标准的特征。也是出于上述原因，国内外学者对于心理健康的标准往往存在多方面的分歧。

在20世纪五六十年代，美国心理学家马斯洛（Maslow）和米特尔曼（Mittelman）提出了评判心理健康的十条标准，这十条标准也是学术界和社会普遍认可的原则，主要涉及的方面如下：①充分的安全感；②充分了解自己，并对自己的能力作适当的估价；③生活的目标切合实际；④与现实的环境保持接触；⑤能保持人格的完整与和谐；⑥具有从经验中学习的能力；⑦能保持良好的人际关系；⑧适度的情绪表达与控制；⑨在不违背社会规范的条件下，对个人的基本需要作恰当的满足；⑩在集体要求的前提下，较好地发挥自己的个性[1]。

我国心理学学者蔡焯基教授也根据我国的民族文化特征和统计的个体特点提出了针对中国人心理健康的六项标准：①自我学习，独立生活；②角色功能协调统一；③情绪稳定，有安全感；④人际关系和谐良好；⑤认识自我，接纳自我；⑥适应环境，应对挫折[2]。

如果比较国内外学者对心理健康标准的定义和判断，我们就可以得出结论：虽然国内外心理学研究的目标及环境因时代的不同、国家和民族文化传统的差异而有所区别，但仍存在许多中外相似或共通的心理健康评价标准，例如：①都重视目标的个人感受，如合理的自我认识、平稳可控的情绪以及良好的道德品质等；②都与目标的社会体验相联系，如对周边环境的适应、对人际关系和社会关系的处理等；③都将心理健康视作发展性的现象，如对事实的接受能力、容纳挫折和不断进步的能力等。

第二节　大学生常见的心理问题

当代大学生受到社会经济发展、文化思想活跃和互联网技术快速普及的影响，体现出了更加开放的思想特征，对新鲜事物的理解速度和接受程度都显著提高。但与此同时，大学生的普遍心理状态中也出现了许多消极因素，这些因素对其培

---

① 吴继霞，黄辛隐. 大学生心理健康学 [M]. 上海：学林出版社，2007：8.
② 梅宪宾. 大学生心理健康教育 [M]. 长春：吉林大学出版社，2011：5.

养良好的个人品质和实现高校教育目标极其不利。相关调查证实大学生群体中每年会出现许多心理素质较差、罹患心理疾病的学生个体。大学生常见的心理问题有相对集中的表现，具体表现在环境适应问题、学业问题、自我认知失调、人际关系障碍、恋爱与性困扰及其造成的情感危机、与情感有关的焦虑、强迫、抑郁、神经衰弱、特殊群体心理健康问题，以及就业问题，等等。

一、环境适应问题

（一）失望无助感

大学新生可能在入学前对学校环境抱有极高的期待，而在真正步入校园之后发现实际情况并不符合自己的想象，产生极大的心理落差，难以适应校园环境。这是大学第一学期的新生中十分常见的情况。一部分学生甚至可能产生心理因素导致的生理不适：如萎靡不振、失眠多梦、食欲减退、内分泌失调等。

（二）人际关系不适应

大学生在刚开始校园生活时，需要面对的一项重大问题就是适应大学的人际关系。不同于中学时期相对单纯、范围较窄的人际关系，大学校园的人际关系更加复杂，人际环境更加接近真实的社会环境，因此大学生需要从中学时代的自我中心人际关系中脱离出来，学会与更多身份的人相处，掌握更复杂的人际关系，使自身向成人的状态过渡。

（三）学习方法不适应

大学在学习内容和方式、时间安排以及具体要求上也和中学的学习有本质上的不同。大学的学习环境十分宽松，因此许多刚从高中毕业的学生一时难以适应大学的环境，缺少学习的外在压力，感到不知所措。

（四）自我价值感丧失

许多大学新生的学习成绩名列前茅，但在大学校园里却失去了原先的优势，只能成为较为普通的学生，也不再受到老师的高度重视，这会使学生感到无所适从，甚至感觉不公和无助，产生悲观低落的情绪，对个人价值产生怀疑，最后萌生厌学、退学的想法。

二、学业问题

学习是大学生的主要活动与任务，在大学生中学业问题在每个年级中都有一定的表现，具体表现为：学习适应不良、学习目的不明确、学习动力不足、学习动机过弱或过强、学习畏难情绪、学习压力过大、学习困难、学习成绩不理想、考试焦虑问题等，这些问题在不同的年级有程度不同的表现。

（一）缺乏学习目标

部分同学曾经历过上大学后的茫然。以前上初中就是为了考高中，上高中是为了考大学，而上大学后没有及时地确立前进的目标，便失去了学习动力。每天不知道干什么，学习无兴趣、无动力、无目标，还有的同学不喜欢所学专业，又找不到前进的方向，学习的精神支柱倾倒，一天到晚游游逛逛混日子。

（二）学习无动力

现实中常有收益和能力不成正比的情况，一些没有真才实学的人能过上花天酒地的生活，很多德才兼备的人才却得不到应有的报酬，毕业生不能凭自己的学习成绩取得理想工作与待遇的现实是对大学生学习动力的严重打击。很多学生受到了金钱至上主义和实用主义的影响，一味寄希望于社会关系，而失去了对学习应有的动力。

（三）学习没兴趣

大学生活中有许多对学生极具诱惑力的要素，学生会被许多娱乐内容分散精力，认为学习十分无趣，对上课和学习都失去兴趣，在完成学习任务时经常性地分心，这是大学生难以取得理想成绩的主要原因之一，源头在于对所学专业兴趣的缺乏。

（四）学习成绩不理想

如有的学生进入大学后没有及时调整自己的学习方式，不知道自己应该怎样学，每天除了上课，不知做什么，一学期下来，虽然觉得很忙，却又感觉得头脑空空，抓不住要领，好像没学到什么，一想到考试心里很慌，一点底都没有；还有的学生感到学习竞争压力非常大，将来就业形势严峻，对学习及自身能力发展过于担忧，出现过度紧张和焦虑，情绪烦躁、思维扩散、注意力难以集中，以致头痛、失眠、学习效率下降。

三、人际关系问题

健康的人际关系可以使大学生保持稳定的心理状态、积极向上的个性和校园环境内的安全感与归属感。但人际关系的实际处理对一部分大学生来说并非易事。大学生的自我认知、心理情绪、处事态度、思想习惯和个人品德都会影响到其人际关系。人际交往过程中出现的矛盾和挫折可能使大学生情绪低落，产生心理问题，主要表现为以下六个方面：

（一）由认知所导致的交往误区

有的学生人际关系不良与主观上的认识误区有直接关系。如有人交往被动，认为只有他人和我主动交往，才会去和别人交往，否则会被别人瞧不起；有的人害怕自己有某方面的缺陷被别人发现而不愿交往；还有人认为自己主动去和别人交往，万一别人不理我，那该多丢面子，等等。这些认识上的误区直接影响着大学生的交往行为，使其不敢主动交往，也不愿交往，从而形成内心有交往欲望，而行动却出现背离的情况。

（二）由情绪导致的交往冲突

有的学生是由于情绪发展不成熟，缺乏有效的沟通能力，对他人缺乏理解和尊重，出现人际交往冲突。如对他人缺乏同情心、易激怒、怯懦、自卑，对他人的行为比较挑剔等，而表现为人际关系失调。

由人格导致的交往受阻。有的大学生由于某些不良的人格特质导致交往中沟通不畅，人际关系失调而交往受阻，如自卑、胆小、怯懦、害羞、内向、孤独等特点，造成不善与人交际、不善言谈、怀疑他人、不喜欢参与社交活动、对人冷淡等，而自我中心、自负、自傲等人格特点又使他们在交往中极易形成交往冲突，成为孤家寡人。

（三）由发展导致的交往中的心灵闭锁

大学生人际交往的范围扩大了，交往对象增多了，交往内容复杂了，交往方式朝社会化发展，但一部分学生心理却依然相对闭锁。这些学生仍保持着中学时期的交往理念和习惯，在人际交往方面缺乏成熟的经验，因此难以适应广度和深度都有了本质性变化的大学社交。在处理问题时仅依靠自己一个人的力量，不向同学进行求助和沟通。但又会经常感觉情绪低落，生活孤独。他们一方面渴望通过交往形成人际沟通能力，发展和建立与同学的友谊，另一方面却又没有真正打开心灵，因为害怕遭到别人的轻视和粗鲁对待而不与外界沟通，也不向人敞开心扉，生怕受到欺骗，在人际交往的每时每刻都承担极大的压力。他们在人际交往中不够自信不利于增加自身的交往魅力，妨碍了人际交往圈的形成，与此同时，个体间正常的交往不够，又易引发猜疑、嫉妒，同时心理防御过重，又使他们不能与人敞开心扉交往，使交往缺乏深度，这也是很多大学生感到缺少知心朋友的原因之一。

（四）人与人之间关系的扭曲

有些性格较为悲观的大学生会放大社会部分不良现象的影响，将现代社会的人际关系看得过分功利，认为不存在真挚的友谊，以个人的主观臆断对他人下结论，此外还会将自我认知放在评价标准的核心地位，凡事从个人利益出发。这些问题会对大学生进行正常的人际交往产生十分不利的影响，在学生之间树立毫无意义的阻隔，加重大学生群体的焦虑感和压力。

（五）失恋后的异常反应

大学生对恋爱往往较为冲动，感情状态变化剧烈，在感情受挫后情绪低落，难以在正常的学习和交往上集中注意力，产生盲目的自卑和焦虑等不良情绪。

四、消费心理压力

高校校园中的盲目消费攀比也会引发大学生的各种心理问题。

①高消费会给消费能力较低的学生造成心理压力，有些来自农村地区的学生，在受到消费攀比心理的影响后感受到沉重的心理压力，常常陷入想要购买高

档用品又缺乏经济来源的困境中。

②日常生活较为节俭的学生会在与他人生活状况的对比中产生自卑心理。既不想滥用父母的金钱，又害怕受到别人的鄙视和孤立。

③经济条件不宽裕的学生会对高消费产生负罪感。这些学生在实际消费中受到虚荣心、从众心理和攀比心理的影响，进行超前消费，事后认识到自己不该将父母的钱用于无意义的高消费行为，因此产生负罪感。

五、与就业有关的问题

高校的发展和扩招，带来了大学毕业生队伍的不断壮大，伴随而来的是当前大学生就业形势的严峻。在此背景下，一部分大学生自入学时起就对就业问题高度关心，相当一部分大学生在职业选择方面主要考虑个人的成长和发展，希望通过合适的工作使自己的特长和所学知识得到发挥，但与此同时又纠结于工作报酬、工作地点、岗位性质等因素，还会考虑到个人的家庭因素，所以这些学生在上岗面试之前会产生很大的情绪起伏。又因为社会履历浅，心智不够成熟，思想状态不稳定，尤其是面对双向选择，自主择业的就业模式，一些能力欠缺、知识掌握不佳的学生更容易形成较大的压力，导致心理焦虑、紧张等问题。

第三节　大学生心理健康教育的重要性

一、实现立德树人素质教育目的

（一）"立德"的本意包含心理健康教育

大学生应当具备正确的政治倾向、合格的社会素养、优秀的道德品质、充实的知识储备和技术水平及健康的身心状况等个人素质。良好的身体素质是个人发展的物质基础，充足的科学文化素质是个人素质的核心，拥有强大的心理素质是个人成长的关键，政治思想素质则发挥指导性作用。大学生只有基于正确的政治思想素质的引领，打好坚实的身体素质基础，把握自身的心理品格变化，才能彻底完成自身科学文化素质的学习和掌握。各项素质之间的关系呈现出融会贯通、相辅相成的关系，这些要素的有机结合就是当代大学生必备的综合性素质，是时代发展对大学生提出的新一轮要求。

我国的《高等教育法》曾明确指出人才培养的目标：高等教育要自始至终体现国家指定的教育方针，服务于社会主义现代化建设，联系生产劳动的实际，为未来的社会培育德、智、体、美、劳全面发展的社会主义事业建设者和接班人。此外，《高等教育法》还明确提出了高等学校教育以德为先、立德树人的理念，将全体学生的德、智、体、美、劳全面发展作为评价教育全面与否的具体标准。

心理素质是一项大学生必须具备的基本素质，足够稳定的心理素质是大学生顺利完成学业并取得优异成绩的基本条件，也是大学生在离开高校校园之后顺利完成个人的社会化的条件。大学生全面素质的重要组成部分之一也包含个人的心理素质水平，提升大学生心理素质的质量是衡量高校素质教育完成程度的重要指标之一，辅导员是高校思想政治工作的主要实施者和承担者，必须充分认识到自身的教育与责任，正视心理健康教育的意义和实施，在工作岗位和职责中以党的教育方针作为贯彻思想，将素质教育落到实处。

（二）"树人"的旨归蕴含心理健康教育

"树人"即外力对人的改变、塑造和提升，其中也包含对塑造对象心理素质的提升。当前教育的新形势下，高校德育工作的重心逐渐向针对高校学生的心理健康教育工作倾斜。现代社会的经济、文化、社会风气、思想观念等都在发生日新月异的变化，因此，高校的德育工作也必须具有足够的时代感，紧随社会发展的潮流和当前形势，制定具有针对性、可操作性及主动权的教育策略，塑造能够适应时代要求的全面型人才，这些都与心理健康教育工作有着紧密度联系，可以说，在当前的教育理念和社会背景下，心理健康教育就是一种新型的德育，是对于传统德育的补充和完善。

心理健康教育和思想政治教育的最终目的都在于使学生具备健全的人格、优良的道德素质，这两种品质是相互关联、互为前提的。德育教育可以将学生向正确的人生观、世界观、价值观和优良的心理素质方向引导，这些品质都是现代社会对其组成个体的社会化的衡量标准。

二、推动思想政治教育现代化

（一）有助于实现思想政治教育含义的现代化

之前，我国高校思想政治教育的实施主体一般包含学校思政课教师和政工干部，思想政治教育的主体工作模式则包括思想政治理论课程教学和日常性思想政治工作。在这种前提下，心理健康教育工作一般被视作一个单独的体系，其执行者仅包括专业的心理学者和咨询人员。这反映了传统的教育模式对思想政治教育和心理健康教育的切割，是对思想政治教育固有内涵的限制和缩减，不符合素质教育开展的要求和大学生健康成长的具体需要。

教育领域对思想政治教育的普遍描述是：思想政治教育分为思想政治理论课教学、思想政治工作和心理健康教育三个主要方面。我国相关领域学者大都认同心理健康教育与思想政治教育之间存在的从属关系，即前者是后者的重要组成部分之一。当下社会，随着社会压力的日益增大和心理学的逐渐发展，越来越多的人认识到心理健康教育的重要性，有许多相关学者开始基于研究理论和实践来衡量和落实两者之间的辩证性结合。在高校教育领域，辅导员们也正在通过各种各样的尝试来探索和践行思想政治教育在当下时代背景中的具体含义。

（二）有助于实现思想政治教育理念的现代化

要在高校的思想政治教育教学中落实以人为本的理念，就需要辅导员重视并系统地开展针对大学生的专业心理健康教育。心理健康教育与普遍熟悉的思想政治教育的主要区别在于，它并不具备突出的宏观视角和对社会价值的明显追求，而是将侧重点放在对个人价值和感受的研究关注上，重视每一个独立的人的看法，将人作为一个完整的自我来看待和提出帮助，对于教育对象在自身生活过程中遇到的困扰和难题予以引导启发。而传统思想政治教育的关注点仅包含心理健康教育中对人的关怀部分，每个独立人都应与整个社会建立思想意识上的沟通关系，同时也要成为一个具有真实的主体性的独立行为个体，作为社会概念上的拥有实体的"人"，这就是个体的社会化的含义。在这样的基础上，教育要依据社会意识规范举出更加具体细致的要求，以达成所有社会成员的完全社会化，在未来成为为我国的社会主义建设作出贡献的全面型人才。

（三）有助于实现思想政治教育方式方法的现代化

我国原先的思想政治教育的外在形式大都以政治理论的概述讲解为主，这种教育方式的重心仍然停留在教育者方面，对受教育者及其主观能动性的发挥没有给予足够的考量和利用。这样的教学很容易导向慢慢地演变成思政工作者以高高在上的形式向学生传输思想政治理论，流于外在的程式和模板，使思政教育失去生动性和吸引力，教学效果减退，甚至让受教育对象有反感和抗拒心理，教学结果可谓事倍功半。相比而言，高校辅导员和大学生之间的关系更加自然，结合心理健康教育在具体实施方面的特殊要求和现实中大学生作为独立人的固有需求，心理健康教育的形式应当是个体对集体的带动，引导学生有自主地将所接收的思想理论进行外化，转变成外在的行为举止，利用所学理论改观自己的固有观念，适应外在的发展需求和社会的形式，在学习中对自己的情况进行及时的了解和把控，对自己进行鼓励性暗示，按照社会规范对自身的内在品质进行塑造，对工作方式进行革新，提升心理健康工作的效率。

三、开展大学生社会主义核心价值观教育

大学生心理健康教育是将国民教育融入社会主义核心价值体系和大学生核心价值观构造与培养等工作的重要环节，它对于大学生思想政治教育来说是一个新晋教育内容，开拓了这一学科的全新领域和课题，时代特征十分明显，对于大学生的核心价值观教育而言有着相当关键的意义。

（一）大学生的心理健康教育有助于实现个人价值观和社会价值观的有机融合

大学生的价值观处在一个逐渐形成、趋于稳定的阶段。思想政治教育的目的在于在这一过程中使社会主义核心价值观内化为大学生内在的个人价值观的一部分，这一任务的首要要求就在于使大学生牢牢记忆和全面认同社会主义核心价值观。只有基于了解和认同的基础，才能进一步实现社会主义核心价值观的引导与号召作用。目前的社会环境和教育环境都倡导多元化价值观，但大学生社会主义

核心价值观教育尚未具备足够充实和丰富多样的教育内容与教育形式，以较为单一的教育途径来引导学生，没有达成与时代要求相符合的发展规律。要解决上述问题，就要求教育工作者能够通过对心理健康教育的妥善利用来提升社会主义核心价值观教育对大学生的感召力和触动力，就社会主义核心价值观教育的即时性和针对性进行革新，以完成个人价值观对国家意识形态的接纳和有机结合，使个人价值观响应符合国家意识形态。

（二）大学生心理健康教育有助于充实和完善社会主义核心价值观教育

我国固有的核心价值观教育方式往往存在一些缺陷，如对象化和政治化特点过于明显、教育的主体和客体对立不合。这些问题不利于基本的教育方法理论的奠定，会限制理论范围、分散学生的注意力，使核心价值观教育难以对现实当中人们的思想困扰进行指导，无法起到调控教育对象情绪思维的作用，导致核心价值观教育的可操作性与实用性流失的后果。要想落实多元文化的具体要求，教育工作者就不能一味地利用传统方式来枯燥地灌输社会主义核心价值观教育内容。应当引发大学生的自主思考，引导大学生在课堂上从自身的角度出发，基于自身的实际进行反思和总结，从而认识到积极向上的态度和人生奋斗的意义。合格的心理健康教育就可以为类似的自我探求和思考创造交流、互动、评价的平台和进行思考的心理基础，提供具有足够科学依据的思考途径和行之有效的交流方式。心理健康教育能够在社会主义核心价值观教育中起到十分重要的正面作用，它能从针对性、吸引力、号召力多个方面改良教学质量，最终达到增强教育实效性的目的。

（三）大学生心理健康教育符合社会主义核心价值观教育的本质要求

就社会主义核心价值观教育的本质而言，它是一个从认识到实践的过程，是通过对理论的认同激发对国家社会的热情，由此锻炼个人的意志，最终将理论、情感和意志落实在现实行为中。心理学的范畴相当广泛，研究的内容和对象包括人的认知能力、情感变化、态度取向和思维意识，人们可以借助相关心理学研究来更准确地就这些方面进行认知、把握和培养，利用心理学研究的作用来实现社会主义核心价值观教育的效果提升。

第四节　大学生心理危机与预防

一、心理危机

（一）心理危机的内涵

心理危机的具体含义是人在遇到严重问题或变故时产生的一种紧急性状态，人在事态严重的紧急情况发生时，会感到巨大的压力，认为自己难以把控和解决问题，因此内在的平衡被破坏了，心中积累的压力不断增加，由此扰乱正常的生活规律，感到无所适从，正常的思想举止习惯被打破，生活和思想的状态全面失衡。

通常情况下，丧失因素、适应问题、矛盾冲突、人际关系问题是引发心理危机主要因素。其中，丧失因素的主要范围包括掌握财产（如财物被窃或破产）、关系人员（如亲人去世）、社会地位（如被剥夺政治权利）、个人职业（失业或退休）、价值尊严（受到强暴或身体致残）等的丧失；适应问题指的是人对新加入的环境或某种状态需要重新进行适应，这一过程中可能出现心理应激等情况，主要涉及新生入学、下岗、退休、搬迁、移民等情况；矛盾冲突指人在处理需要即刻做出抉择的矛盾，或受到长期心理冲突的困扰时出现的心理问题，主要实例有辍学立业、现实利害和道德标准之间的矛盾；恶劣的人际关系或长时间的人际纠纷也会导致人的思想压力和心理危机。

（二）心理危机的特征

心理危机具有一定的特征表现，这也是我们在识别心理危机时可以考虑的一部分内容，下面将对其进行一定的说明。

1. 危险与机遇并存

危机是一把双刃剑，不能用绝对性的观点对其进行说明。一方面，危机当中有潜在的危险和隐患。危机有可能造成个人出现病态，或者是引起过激反应，比如杀人与自杀。另一方面，危机当中还隐藏着机遇，由危机引起的痛苦会促使当事人寻求帮助，给个体的发展提供一定的机遇。正所谓没有危机就没有成长，假如当事人可以利用并且抓住这样的机会，就能够在危机当中收获成长，并促进个体的完善。

个人在面对危机时出现的反应，会因为个体认知的差异而显现出极大的差别。在理想状况下，当事人可以依靠个人心理能量和社会支持系统在危机当中收获成长、经验，并促进个体的发展。在经历过危机之后，个体生成积极心理变得更强大和有同情心。也有的人虽可以度过危机，但只是把不利后果排除在个人认知外，并未从根本上解决好这个问题，在今后生活当中危机产生的不利后果会时不时地体现出来，并给个人带来不良影响。第三种状况是人在面对危机时就出现了心理崩溃的情况，假如不能够及时得到帮助，就不能够迈出脚步。例如对待失恋这件事，一部分人会从中吸取经验教训，领悟爱情真谛，并为今后的生活做好准备，迎接新生；也有一部分人在失恋后会快速步入一段全新的情感，想要通过新感情忘记过去恋爱的痛苦；还有一部分人选择自暴自弃，用自杀这样的极端方法结束生命。

2. 复杂性与系统性

危机是一个系统而又复杂的概念，所以系统以及复杂也是危机非常显著的特征。危机的表现就如同是一张网，个体的微观、中观和宏观环境彼此交叉与交织，没有办法理出因果。在出现危机之后，会有诸多复杂问题同时出现。另外个体所处的环境会在极大程度上决定危机处理难度，个人的社会支持系统也会影响问题解决与平衡的形成。假如社会支持系统当中的很多人在相同的时间内受到危机影响，整个系统就会卷入其中，人的整个生态系统都需获得一定的干预，重建生活结构，认知生命与自然，面对新的课题。

3. 成长的契机

危机当中常包含个体成长进步的种子以及改变的动力。由于危机会引起个人不平衡的发展状态，常常会出现焦虑的消极情绪，这样的情绪带来的不舒适感为个体的变化提供了动力支持。在很多情况之下，个体只有在焦虑到达极限之后，才会承认对问题失去掌控。对于论述的这一项内容，网络依赖就是一个极具代表性的案例。只有在完全没有办法的情形之下，依赖者才承认一定要接受相关的治疗与帮助。个体在成长发展的进程当中，也会带动一个有可能受挫的机制，假如可以做到及时调控和有效适应变化，那么就可以拥有完善的动力，提升人的心理健康水平，获得成长进步。

4. 问题解决的困难性

个体处在危机状态之时，能够利用的心理能量下降到最低水平，不少陷入危机状态不能自拔的个体会拒绝个人成长。危机干预人员需要帮助这些人建立新平衡。在这个过程当中，要应用到专业心理学支持方案，企业中应用广泛的方式有支持治疗、家庭治疗、辩证认知疗法，等等。不管是哪一种方法都有相应的适用范围，根本不存在包治百病的方法，尤其是在面对药物成瘾和物质滥用造成的危机时，在治疗成功之后容易出现反复的情况，想要完全治愈是有极大难度的。

5. 选择的必要性

无论我们是否承认，生活是危机以及挑战交织形成的一个系统整体。我们常说办法总比困难多，船到桥头自然直，虽然表达的含义有一定的相似性，但是前面的做法是选择积极主动解决问题，但后面则是被动等待，没有作为。在面对危机情况之时，任由其发展而毫无动作，虽然也是一种选择和方法，但是这样的做法所带来的只能是毁灭性的不良后果。选择的必要价值是我们要付出努力，虽然我们付出的努力与精力有些时候并不能够对事态发展起决定性作用，但是至少能够为成长与解决问题起到良好的促进作用。

二、大学生心理危机

（一）大学生心理危机的种类

1. 发展性危机

发展性危机指人在正常的成长过程中，遇到剧烈的即时变化时激发的异常反应，具体情况包括升学、性心理转变等。需要强调的是，大学生要想真正走向成人阶段，全面提升自我，就必须直面发展性危机，这是人生历程中不可躲避的关键转折点，如果能够有效地解决所遇到的发展性危机，就可以积累充足的人生经验和信心，更好地应对未来的人生挫折。

2. 境遇性危机

境遇性危机指由无法或难以预测、防范的突发性事件引发的心理危机，如自然灾害、交通事故、恶意犯罪、突发性病症等。

3. 存在性危机

存在性危机指因面临人生重大事件而产生心理问题，被内在的矛盾和焦虑情感所困扰，这类危机的诱发因素往往涉及关键性的人生抉择、人生价值导向、个人责任和发展前途等。

（二）大学生心理危机基本特征

①突发性。心理危机有可能是无法或难以预测、控制的突发性事件。

②紧急性。心理危机同理于急性疾病，要求人们即时采取相应的紧急处理措施。

③痛苦性。心理危机造成的痛苦体验在发生时和发生后都有可能持续相当长的时间，甚至威胁人的基本尊严。

④无助性。心理危机有时会使人感到莫大的茫然无助感，还有可能破坏人们对未来的原有规划，使人丧失筹划未来打算的思考能力。

⑤危险性。心理危机有可能产生或诱发涉及现实生活与社会的危险，情况严重时甚至会威胁到当事人和他人的生命安全。

（三）大学生心理危机易发人群

①因突发事件（诸如家庭突发变故、自然灾害、社会重大事件等）而产生心理层面或行为异常的学生。

②心理疾病（如癔症、强迫症、焦虑症、抑郁症、恐怖症、精神分裂、情感性精神病等）重度患者。

③曾有自杀未遂经历或家庭中出现过自杀者的学生。

④长时间被严重身体疾病折磨的学生。

⑤因过重的学习压力而产生心理或行为异常的学生。

⑥因情感挫折而产生心理或行为异常的学生。

⑦因不正常的人际关系而产生心理或行为异常的学生。

⑧性格孤僻而缺少正常的社会交际的学生。

⑨因难以适应周边环境而产生心理或行为异常的学生。

⑩经济条件差且对此有自卑感的学生。

⑪受到周边同学个体危机影响而产生担忧、焦虑、困扰、恐惧等感情的学生。

⑫因其他因素而产生心理或行为异常的学生。

三、大学生心理危机的预防

（一）大学生心理危机预防工作内容

1. 增强意识

（1）心理健康意识

要想落实心理危机预防工作，就应当首先对大学生群体进行系统化的心理健康意识培养，在学生心目中树立起科学化的心理健康态度。从目前的高校实情来看，大学生的心理健康认知较之其生理健康观念，显得十分薄弱。大多数高校学生还没有展现出自发性的强化个人心理健康水平的主动观念和自发举动，仅会在缺乏心理危机解决方案或者难以承受心理压力时才有可能主动寻求教师或心理专家的帮助。上述情况的成因主要涉及以下两个方面：

第一，心理健康知识匮乏。大学生因没有系统地接受过心理健康相关知识，因此无法正确全面地看待心理健康相关的问题，在面对问题时对其认知十分模糊，甚至有一部分学生完全没有认识到心理健康的重要性，更不清楚要如何保障和改善个人心理健康水平。他们重视的是自己身体的健康，而忽视心理健康。哪怕是身心状态都不够理想，也往往会从身体与压力方面找原因，而没有认识到认知、情绪和个人举动对健康产生的复杂影响。因此高校必须对这类缺乏心理健康概念的学生群体展开系统性的心理健康知识普及教育，使学生在相关教育中对心理及心理健康维护产生科学的认识，逐渐掌握心理活动的规律，对自身的心理健康产生足够的重视。

第二，心理健康意识不强和青少年期的健康观念存在密切关系。大学生正处在一个朝气蓬勃与精力旺盛的阶段，认为疾病是一个非常遥远的事情，自己拥有健康的身体似乎是天经地义的，并不觉得在这个年龄段要关注健康习惯的养成问题，从而会对不良的行为放任不管，忽略异常心理与不良行为产生的巨大危害。而且因为缺少生活经验与体验，不少学生根本没有意识到健康的可贵，对不健康的后果也没有切实的感受，因此对心理健康的认知不足。

对大学生来说，接受系统而又科学的知识教育是非常必要的，不能只依靠自主学习来达到学习目标。大学心理健康必修课的设置及开展在很大程度上解决了以往的难题。但也必须深刻认识到，知道并不表示可以做到，况且不少大学生即使是学习过有关课程，也不一定能掌握基本健康知识。所以高校在开设课程及开展教学活动时，需要对整个教学过程进行科学把控，将理论与技能教学结合起来，帮助他们学以致用，从根本上掌握心理健康的准则，了解提高心理健康水平的有效策略。

（2）危机预防意识

一直以来中国人就特别关注危机预防工作，要求居安思危，提醒人们要拥有强烈的危机意识。《道德经》中就提出了"福兮祸之所伏，祸兮福之所倚"的说法，而这个说法表明人要有忧患意识，同时还提出了要有"治之于未乱"的危机预防思想。《周易》当中不仅说明了很多危机管理的哲学知识，还有很多针对危机预警与处理的思想。只有顺应变化才可以真正化解危机，只有学会变通才能够让危机问题得到妥善解决。这些与危机相关的思想认识即使是在今天也仍旧影响并且指引着我们。虽然危机意识并不是指预防心理危机，但在我们认知危机和开展危机预防工作当中也起到借鉴和帮助作用。

培育预防危机的意识，要求我们面对危机时有很强的警觉性，在危机出现前做好预测与判断。这里所说的预警包括三个方面的内涵：

第一，在顺境之中能够预先评估可能会出现的逆境；

第二，在监测事物质变、量变的同时，评估与预报接近质变的临界点；

第三，评估和研究事物运转当中不良问题出现的条件。

总而言之，预警从本质上看就是要评估事物的安全性及稳定性，以便在危机出现前及时识别不良情况，从而做到有效预防和控制不良情况的变化。

如今的大学生大部分过得是衣食不愁的幸福生活，从出生到长大一直处在顺境当中，没有经历过风雨。在学习与生活当中一旦出现变化时，家人就会给予照顾，在危险还未产生前就被化解，也因此让学生缺乏了很多生活当中的历练，在面对逆境与艰难困苦时没有深刻认识与深入体验。

在步入到大学之后，父母的帮助以及呵护明显减少，周围的生活以及人际关系也发生了很多新变化，不少学生产生了适应性问题，有的甚至因此出现了适应障碍与危机。到了大二、大三，部分学生会产生情感、发展等方面的问题。到了大四，又会面临着择业、就业以及考研问题，这些问题会困扰学生。如果学生不能够客观准确地认识危机情况，不能准确掌握事物发展规律，在遇到问题时会手足无措，更没有办法及时应对危机，从而出现不良危机事件。

开展危机教育，引导学生树立危机意识，首先需要引导学生从宏观角度出发来正确认知人生，客观全面地认识自己，居安思危，提升忧患意识，在顺境时抓住机遇，不断提升与丰富自己，完善个人的综合能力；在逆境时则可以从容面对。这样的宏观教育通常在高校的思想政治理论课程中涉及，但常常会缺少针对性，因此，要在心理健康教育的相关课程当中开展专门教育。其次需要从微观角度引领学生把握心理危机的规律及实际特征，让他们形成辩证性思维，了解危险以及机遇的相互转化关系，不能一直处在极度绝望与无助的状态。危机规律与特征教育不能只是空谈，需要结合人在危机当中的身心变化过程，让学生正确认识危机，把握其规律与特征，进而获知危机转变的过程。最后需要积极创造多样化的教育机会，立足实际，让学生可以感应到危机，体会处在危机情形下自己的身心状态，进而学会用正确方法调控自己的身体与心理，学会在危机当中保护自己，顺利度过危机，尽量减少危机给自己带来的威胁。现如今高校当中开展的消防演习活动，实际上就是危机教育的一种形式，不过与之相关的演习活动还需要在数量及质量方面进行有效改进。让学生经历与体验危机，才可以触发他们的自觉意识与主动意识，提高他们的自觉性，避免让心理健康教育流于形式。

（3）生命意识

心理危机有不同的形式，具体可以分为发展性、境遇性和存在性危机。前两种形式的危机是人在成长发展进程中遇到的剧烈变化或突发事件而造成的，会因为事件解决或者情况变化而得以消除。存在性危机是生活当中的重要时间产生的问题，造成个人内在出现大的冲突与矛盾。

大学生的价值观正处在快速成长和成型的关键发展时期，因此必须重视这一群体对生命价值的思考和探求，并加以合理的引导和塑造，避免学生在这一时期产生存在性危机而影响心理和行为。做好生命教育对于个体生命意义感的塑造、心理危机的预防、生命健康的维护有着重要的意义。

生命教育在教育理念内是一个十分关键的观念，教育的基点是生命观念，教育活动的根本是生命，教育需要引导受教育者意识到生命超出一切事物的价值。从这个角度来说，高校心理健康教育必须包含生命教育。而人要想实现自身的生命价值，就必须首先保障心理健康状况。心理状况与生命认知是互相影响和塑造的两个方面，将生命教育融入心理健康教育的方案是有实际操作性的，也是现阶段的心理健康教育工作中十分必要的。

提升生命教育针对性，引导大学生树立良好的生命意识，不仅是应对心理危机必不可少的方法，还是让学生感知生命真善美，规划人生，开发潜力的保障性课程。只有让生命朝气蓬勃，刺激学生产生强烈的生命热情，获得幸福感，才可以促使学生积极应对逆境，笑傲人生。

2. 培养健康人格

人格是拥有多个维度的复杂系统，彰显了个人特征和与外界的交互作用，具有独特性。人格是个人心理特点的一个综合体，人格当中的哪些因素在危机应对当中发挥关键性作用，目前还没有统一性的说法。当前研究者多是把心理复原力当作人格特征当中的关键要素。

在面对灾难与挫折挑战时，一些人泰然处之，拥有很强的适应力，因而能够有效克服危机，即使是在这一过程当中受到伤害，也可以在较短的时间内恢复，进而"东山再起"。也有一些人情绪低沉，不能够适应，甚至一蹶不振，走向沉沦。心理学家指出这样的现象，实际上和他们的心理复原力水平密切相关。

从20世纪70年代中期开始，很多西方国家就在研究心理复原力的相关问题。随着研究的深入和研究数量的增多，心理复原力的内涵也在不断地丰富和完善。大部分研究指出复原力是抗拒困境，从而恢复正常适应力的一个重要表现，也是个体在各个阶段都可以用不同行为表现出来的有助于提高健康水平的一种能力。

当前对心理复原力概念的界定有三种取向：能力论指出复原力是人类拥有的稳定积极的特质与能力，是一个人在面对挑战与压力时，保障健康的能力，不同的人只是在量方面有差异，但在质上是没有差别的；结果论指出，复原力指的是虽然面对和身处不良困境，个体仍旧可以适应的一个结果，比如同样是经历灾害和灾难，有的人患上了心理疾病，但有的人仍旧可以乐观向上地面对人生；过程论指出复原力是一个拥有动态化特征的复杂过程，即个体在受到创伤之后的复原过程。以上提出的三种取向都表达的是复原力的属性，但也从不同视角出发，对心理复原力这个内涵进行了丰富与拓展。

在早期阶段的研究当中，人们把复原力的重点放在个人生活环境当中的危险要素与压力上，在之后的研究当中提出保护因子概念。保护因子有内在与外在的区分，内在的能力与特质比如积极人格、乐观预期、科学自我认知等都是内在的保护因子。而外在保护因子主要是指外部环境给予的保护与支持。

心理复原力概念在心理健康教育领域内开拓了新的研究前景和发展方向。随着现代科学技术和科学理论的发展与普及，人们开始逐渐认识和接纳各种积极的心理学理论，并逐渐注重和集中精力发展人的良好情绪和个人潜能的培养与发掘，也正因如此，在这样的背景下，高校在进行心理危机预防和治疗工作时有义务对大学生群体的心理复原力进行系统性培养。

3. 提升心理健康水平及应对危机能力

目前大学生正处在从封闭到开放的一个转折时期，这一时期，他们的情绪常常如同暴风骤雨一般，由于各种不同原因而导致心理问题与困扰。因此，做好心理健康教育与有针对性的危机预防教育是提升大学生整体心理健康水平的关键性措施。

（1）加强心理健康知识教育

大学生的学习与理解能力非常强，他们的认知技能也已经到达了较为完善的层次，理性思维发达，完全能够接受全方位的心理健康教育。现如今绝大部分的高校都设置了大学生心理健康教育课程，使得学生有机会得到科学化的教育及指导。除此以外，学校还创新心理健康教育形式，比如开设心理选修课，组织心理咨询活动，开办心理讲座等，以扩大心理健康教育的影响力，做好一系列的宣传教育工作，为学生补充相关知识。

在推动心理知识教育的进程中，需要着重关注以下几个问题：强化关于心理危机预防知识的学习和研究，帮助学生从不同的角度出发了解心理危机，以便形成准确的认知。将常见心理问题与危机引发的不良行为广而告之，目的是让每位学生都能够学会判断个人的不正常心理与不正常行为；学校要提供心理健康教育服务并进行大力的宣传，让学生知道怎样参与相关的教育活动，以提升主动维护个人心理健康的自觉性。

（2）强化心理保健技能培训

大学生不仅要以严肃科学的态度学习与心理健康有关的基础性知识，还应当在这一领域具备基本的自我援助和援助他人的能力，在危机面前掌握科学合理的应对方案。这些基础性知识和实际操作方案事实上也是广义层面上的高校必修知识组成部分之一，必须通过多种形式的训练活动和实际操作，而非单纯地接受课堂教学，才能真正掌握相关技能，由此也可以看出强化训练的重要性。

首先要具备良好的心理调节技能。心理调节方面并非某种高难度或高精度技能，其具体要求和解释说明往往可以在基础性的相关教材中找到，教师的任务在于加强日常练习和引导。心理调节技能涉及的内容包括情绪、认知和行为调节等不同方面，此外，可以在教学中采用一些现实中的案例来确保技能训练的现实效果，使学生在实践时掌握理论与实际相结合的方法。

另一个方面是心理发展技能。个人心理素质的塑造和个性品质的培养在相当一部分大学生的高校生涯当中是一项必要性和时效性非常明显的活动。有些积极心理学中的概念和大学生群体间普遍自发组织开展的、和心理发展技能有关的训练完全相符。这些技能往往包含与涉及人际沟通技能、公共演讲技能、团队和群体领导技能等。学生可以在类似技能的练习与实践当中实现自身综合素质水平的提升，从而在面对心理危机时具备更加充分的信心和更加合理的预防控制手段。

休闲技能也是一项重要的心理保健技能。在现实生活中，许多人积压了各种不健康、不合理的日常生活作息和行为习惯，由此产生了各种各样的心理问题。也因此，培养健康科学、积极向上的兴趣爱好，提升自身的休闲技能，有助于调节学生的心理发展方向，引导学生向更加积极健康的方向发展，并在这一过程中舒缓学习和生活中遭受的各种压力，改善自身的心理健康水平。但是，当学生没有掌握基础性的有效休闲知识和技能，乃至无法妥善打理和充分利用个人的空闲时间时，就可能滋生各种不合理的行为习惯，诸如沉迷游戏、浏览低俗网站等，从而被不科学的生活习惯所困扰。

积极向上的文体实践活动，可以帮助学生休整身心，促进他们个性的完善与丰富。如果休闲活动缺少相关技巧，就不能够感受到其中存在的乐趣，而要想获得这些技巧，需要通过正规学习与经常训练。比如琴棋书画、话剧等不同形式的文化内容只有在反复学习观摩，深层次感悟体验之后才可以真正感受其中的奥秘。具体来说，大学生可以主动参加多种多样的社团组织，如读书社、羽毛球协会等，参加与高雅文体活动有关的校园文化实践活动，可以充分利用好闲暇时间，让闲暇时光充实健康，从而逐步摆脱低层次休闲活动。

4.注重危机预防意识的培养

就高校学生现状而言，有必要根据不同年龄段和专业划分的大学生心理问题与心理危机的具体表现进行专门的危机预防与干预措施，提升大学生心理专题教育的实效性。在大学生中的部分群体之间开展生命教育和心理危机处理教育，提升大学生对于心理危机的预防意识。要想为大学生树立起面对心理问题的科学态度，就应当引导学生主动认识和识别心理危机问题，使其对于常见心理问题的类别、特征、成因等方面有更加深入全面的了解。巩固学生对于危机的认知和控制能力，保证学生具备足够的承受力和自我调节力，妥善应对和化解危机。深入了解危机的内涵，理解与不同的危机种类相对应的情实际情况，并察觉危机发生之前的各种外在征兆。在自身或周边的人呈现心理危机前兆时及时察觉并予以应对和帮助，实现不良心理情况的提前发觉和及时处理。

在学生心理危机的预防工作当中，高校需要综合考虑学生的心理发展特征，有效探究其思想进步的规律特性，把指导学生传承优秀文化和大力创新结合起来，联系学生的实际情况来调整与优化价值观教育，让大学生群体能够凭借正确的价值观来减少因价值观缺失而引发的危机。

现如今大学生因学业、择业就业、情感等因素带来的压力问题逐步增多，假如可以有效应对以上问题带来的心理压力，那么就能够从中获得成长与进步，但是如果无法应对或者是选用的应对方法不恰当，就很容易步入危机。大学生在生活当中遇到严重突发事件或者是困境时，积极认知解释会促使事件朝着更加健康的方向发展，而消极认知解释则会促使事件朝着更加无助和无效的方向发展。所以学生用怎样的认知倾向解释个人处境，彰显了他们的应对危机的能力，也决定了面对危机时的反应情况。

人面对危机时的心理承受力与面对事件时的认知水平并非情景反应产生的，而是取决于学生在危机产生前的心理准备。学生的心理承受力与事件认知情况密切相关。所以在预防危机的过程中，首先需要协助学生构建弹性化的认知结构，持续提升他们的知识素养和心理素质，使他们在面临危机情况时能尽可能地减少或者避免认知冲突，缓解消极心理。引导学生在面对问题与不良境遇时，先要秉持科学、客观、准确的认知，掌握处理逆境问题的知识，形成正确的事件认知体系和自救体系，完善认知结构，做好充分的心理准备。在不良事件发生时，学生能有信心运用多元化的解决方案从容应对，而不会出现无法解决问题的情况。与此同时，一定要坚持生命第一的根本准则，建立将生命价值作为核心价值取向的危机干预新观念，重视学生生命的独创性及多样性，不仅要让学生学会珍爱个人的生命，还要让他们关注人文生命，认清生命和生活之间的关联和差别，进而更好地升华个人生命价值。另外在危机预防的阶段，一定要把关注点放在生命意识教育方面，让他们能够秉持完善的生命观，接受生命发展过程当中的一切事情，用心感受不同生命阶段和生活状态之下的自己，用更加平稳的心态面对他人，学会尊重他人以及真诚地悦纳自己。还需要培育学生执着的勇气，勇敢面对生活中的危机与逆境，唤起内心当中的生命价值感，学会把危机转化为促进生命成长的动力，进而提高个人生命质量，获得生命价值的升华。

（1）密切关注高风险群体的即时情况

要想及时有效地预防心理危机，就需要从整体的角度观察可能产生危机的目标，教师和辅导员必须在心理危机发生前就及时发现高危人群，并采取关注和预防措施，从源头上制止危机的发生。而如何更准确和及时地发现心理危机高危人群，也是危机防范工作中的一个关键环节。

目前，我国教育部门高度重视高校的心理健康教育实施情况，特别是对心理筛查的关注和工作倾斜，在校园日常生活中定期组织心理健康普查活动，以期达到预防心理危机和建设心理健康的目的。这些举措的主要目的在于辨别具有不同程度和种类心理危机风险的学生，针对其各自的情况开展预防和心理治疗措施。

心理普查工作的目的在于促进学生对自身的心理与人格发展状况进行多方位深入的了解，并对于影响个人身心健康的不同内外因素有一定程度的掌握，在高校生涯伊始就让学生对于心理危机的判断、预知和防范树立全面科学的意识。做到这一点，就可以使日后高校的心理健康教育和心理危机干预工作的开展更加顺利，并大大提升工作结果的有效性。

特别是对大一新生而言，做好心理健康普查工作是提升危机预防质量的关键措施。通过组织实施科学化的心理普查工作，可以让高校客观评估学生目前的心理健康状况，掌握人格建立与发展进程中的特征，了解学生有可能会出现的心理危机，进而有针对性地开展教育指导及早期干预，进一步强化危机预防的功能与作用。

（2）根据需要主动约谈可疑危机大学生

心理访谈是危机预防的一个重要措施，而此项工作通常有两个类型。第一种类型是在新生心理普查当中发现可疑学生，并针对这些学生开展心理约谈。第二种类型是对学校重点关注的高危学生进行心理约谈。危机预防的成效体现在这两种心理约谈的效果上。

当前我国高校通常会在新生入学后统一进行心理普查，面向大一新生群体，利用心理普查方法筛选存在可疑性心理问题的学生，并对这部分学生及时进行心理约谈，进一步识别他们的心理状况，确定具体的心理问题类型与程度。新生心理普查时期是开展约谈工作的黄金时期，这样的工作安排能够更加科学有效地推进心理普查，同时还能够获知新生当中的心理问题情况，及时掌握危机预防的人群，初步关注易发人群的身心健康状况。

在完成了针对大一新生的心理约谈工作之后，面对确实有心理问题的学生需要及时转入院系心理健康教育的工作范围，由院系的专门教师重点关注与追踪这些学生的心理健康状况，运用好动态化和针对性的预防干预方案，同时结合关注对象实时反应与状态，主动约谈不同年级与院系的心理危机易发人群。

（二）大学生心理危机预防措施

1. 学校层面的大学生心理危机预防措施

学校要加大大学生心理健康教育的力度，致力于提升学生的心理素质，帮助学生建立健全的人格，提高学生的自助能力，从而有效实现大学生心理危机的预防。从目前高校的心理健康教育现状来说，大学生心理危机预防要从以下几个方面展开：

（1）课程教学是实现预防的主阵地

课程教学是落实心理健康教育的主要阵地，并且还是教育者与大学生群里相联系的纽带。课程教学包括相关的必修课以及选修课，通过这些课程，可以有效地向学生传达科学化的心理健康知识技能。所以，立足于心理健康教育，积极探索有效的教学手段，是当前高校心理教育的重中之重。

一直以来，我国教育更关注智育，致力于培养学生的知识和能力，忽视了心理健康教育。并且，很多人对心理健康教育没有准确的认识，认为它等同于心理咨询，所以在很多高校内，心理健康一直被当作选修课。但是近几年来，大学生心理问题频出，甚至造成了十分严重的后果，在这样的情况下，心理健康教育逐渐得到人们的重视，开设心理健康教育课程的学校也越来越多。为了真正发挥心理健康教育的价值，教育部门以及相关教师加强对教学模式的探索和优化，获得了很多优秀的成果。但是，在心理健康教育领域，缺少前期阶段的经验与方法累积，所以实际的教学中，很多教师还是采取传统的灌输式教学法，并且课堂沉闷枯燥，师生之间缺少有效的交流和互动，从而导致学生失去学习兴趣，不愿意主动参与课堂活动，也导致学生对课程内容难以产生深刻的认识，这严重影响了心理健康课程的教育效果。

教学形式陈旧落后。当前的高校心理健康教学存在着明显的理论化及学科化特点，不少教师运用照本宣科的方法完成课程教学，只是把和心理健康相关的知识教授给学生，而不是让学生获得与心理调整疏导相关的技能。因为课程性质与教育目标在理解方面不一致，不少教师会把心理健康教育课程当作是普通心理课，在教学设计当中将教师讲授作为主要的课堂实施形式。实际教学中并未确立学生的课堂中心地位，只是依照教师的课程理解完成整个教学设计，没有考虑到学生的知识技能掌握水平，更未涉及对学科规律的把握。教师在自行设计教学时，没有真正了解目前学生的现状与心理特征。所以从整体上看，大学生在实际教学中的地位较低，没有确立以学生为中心的教学模式。

缺少有效的课堂互动。过去的灌输式教学方法将教师对课程的讲解作为主要内容，在很多课堂上，教师运用满堂灌的方法，教师站在讲台上滔滔不绝，而学生在讲台之下则懵懵懂懂，不会主动参与，只是被动接纳教师传授的知识和提供的信息。因为在师生交流与互动方面缺乏有效性，学生的自觉性与积极性也无法获得保障，再加上很少会有针对学生知识掌握情况的反馈与检验，导致课堂教学枯燥沉闷，影响学生对所学内容的理解与消化吸收。还有很多学生会在课上睡觉、玩手机，让心理健康教育课程变成教师的"一言堂"和毫无作用的"游戏场"。

情感体验不够充分。心理健康跟其他学科或专业课有着很大的差别，但很多教师依旧局限于固有的思维和传统的模式，在教学过程中并没有认识到学生的主体地位，仍旧采取灌输式教学法，从而消耗了学生的学习热情，导致课堂参与度较低，甚至还会让学生产生心理学无用的消极看法。在这种教学形式下，对于心理健康，学生只能停留在浅显的认知阶段，并不能从行为实践的层面来践行所学知识和道理，并没有获得真正的情感体验，这样的心理健康教育是无效的。

为了让心理健康课程真正发挥积极的作用，保证教学质量，需要教师认识课程性质，根据实际情况对教学内容进行优化，创新教学策略，并积极运用过程性的教学评价方法。

第一，课程性质。关于心理健康课程的性质，很多教师并没有准确的认识。目前，很多高校心理课程的构成十分复杂，有心理学的专业课程，也有针对心理健康与发展的课程。不同类型的课程，对大学生起到的作用也是不同的。因为教学覆盖面不同，教学内容的侧重点也不同，所以心理学专业课与选修课无法直接作用于全体学生，针对这种状况，开展心理健康教育必修课，就可以有效扭转"零敲碎打"的教育局面，对全面促进心理健康教育起着非常积极的作用。因此，有效掌握这一必修课程的课程本质，并把其变成提高学生心理健康水平的坚固阵地，这是一项十分重要和必需的工作。

为确保教学目标的达成，高校应该把心理健康教育专兼职教师当作是课程教学的主力，也可以由心理健康教育中心负责开设课程，将课堂教学当作是心理健康教育不可缺少的组成部分，以更好地发挥课堂教学的服务功能。假如由人文社科部门或心理学系担当课程教育工作，在课程管理与组织教学上会非常轻松，但与具体工作的结合难度较大，很容易将课程变作知识类课程或公共类课程。

第二，教学内容。设置心理健康教育的必修课程要把引导学生树立心理健康意识，宣传推广心理健康知识，指导学生掌握基本心理调控方法当作是重要教学目标，而不能够把目标锁定在知识学习上。所以，教学内容的安排和其他环节也要把握这一中心点。

在组织课程内容的过程中需要将学生心理健康作为中心内容，保证学生可以在教材的辅助之下高效学习得到最为基本的知识与自助技能。以2015年浙江省编《大学生心理健康教育》为例，这本教材总共有12个大的章节，章节的具体设置是心理健康导论、社会认知与自我意识、情绪及其管理、健康人格及其塑造、生涯规划与实践、学习心理与创新、人际交往与调适、恋爱心理与健康、健康行为与养成、挫折心理与压力管理、异常心理及应对、心理危机应对与生命成长。

通过这样的教材设计，我们可以发现教材内容把认识心理当作是开端，除了关注基本心理过程与心理特点之外，还围绕心理健康方面的常见主题进行论述，涵盖了大学生群体的常见心理问题，涉及了和他们心理发展密切相关的内容。我国的心理健康教育教材通常是按照这样的章节设计方式进行内容安排的，这实际上也体现出大家在这方面内容上已经形成了普遍共识。为提升教学质量，确保教育目标的达成，需要运用与课程性质密切相符的教学方法。传统教学方法通常运用的是灌输式与讲授性的教学方法，给教学带来的影响非常深刻，我们不可否认这样的方法有其优势，但是因为课程性质定位在了培育学生助人以及自助能力方面，因此更为有效的教学方法是利用体验式教学，既让学生在认知方面获得更多的积累，又让学生的情绪情感及行为意志等获得指导与训练。

体验式教学法指的是，在教学中教师立足内容与目标科学营造教学情境，调动学生兴趣，激励学生利用实践体验和感悟的方式，完成知识建构、能力发展、情感唤起、意义生成、自我进步等一系列的消化吸收与知识内化过程。

体验式教学是区别于传统教学的一个创新策略，其最为明显的特征是把学生放在中心地位，让学生在亲身体验当中收获知识，体验情感。在具体的教学实践中，教师有意识地给学生营造真实的情境，提供相关的案例，让学生从中获得更加深入的认识后，和自己已有知识背景结合起来，在积极反思当中形成结论，促进新知识的生成，完成感性到理性认识的转变，实现个人认知体系的内化。

心理健康教育课程教学对学生的要求是把课程内容和实际学习结合起来，主动且深入地进入内心世界，了解、探究、提升自我，积极地检验、深刻地体会，以自己的亲身经历更加深刻地把握心理健康方面的知识，学习心理调节当中的能力和技巧，在主动学习知识的过程中体会生命的价值，感受生命的力量，从而取得成功与喜悦。

第三，考核形式。当前的心理健康教育课程考核与思想政治理论课程考核大体一致，虽然也会对平时成绩提出一定的要求，但很多教师只关心学生的出勤记录，并未在平时成绩和考试成绩之间做出区别。把期末考试成绩当作成绩考核评估的主要标准这一做法没有兼顾过程性、发展性。把实际知识作为主要的考核标准指标较为简单，完全不能测量出学生真正的助人与自助能力，也不能看出当前学生的心理健康水平。

考核是教育教学的总指挥，如果不彻底革新成绩考核评价体系，教育教学很难真正地提高学生的学习自主性。我们必须意识到，考核评价同样为教学环节中一个非常重要的内容，必须使其真正地为教学服务，达成教学的实际目标。为了全方位地考核与评估学生，我们必须要摒弃以往以期末考试为主的评价方式，而要更多地关注学生日常在课堂学习中的表现、小组训练成果、作业完成情况等相关方面的内容。虽然期末考试是无法避免的，但是我们可以调整期末考试试题的考察角度，把部分知识再现类型的题目换成知识应用类型的题目，检测学生应用所学知识的能力和水平。

体验式教学法突破了过去填鸭式的教育策略，明显增加了学生对于这门课程的好感度，也激发了学生的学习积极性与课堂参与度，使得师生关系更加密切，不仅帮助学生收获了丰富的知识和技能，还增强了学生对心理健康的认识，让学生对心理健康有更高的接纳度。

在心理健康教育课程的教育教学中，不仅要关注体验式教学法的应用，还需要结合学生的心理特征与课程性质的实际情况进行多方面的实践探索，进一步优化和丰富教学方法，提升教育教学的有效性。

激发学生学习热情。体验式教学给教师提出了更高的要求，教师也要为此付出更多的时间与精力。为了提升学生参与教学的主动性，教师需要进一步完善与拓展教学内容，运用学生自身的诸多资源与条件，激发学生参与课堂教学活动的热情。教师还需要多组织开展合作性、互助性等学习活动，使学生成为课堂学习的主人。只有唤起学生的学习热情，才能让学生真正爱上心理健康教育课，并在课程学习中付出更多时间与精力。

教师也不能固化思维模式，而是要跟随时代的变化和要求不断地实现自我成长。教师的自我成长体现在思想观念、教学模式的转变上，比如改变原本的授课形象、多应用体验式教学法，等等。教师的角色定位也应该发生转变，从学生疑问的解答者、教学或课堂的权威转变成课堂教学的组织者和引导者。教师的成长不仅仅指的是学科知识、教学技能方面，还体现在教师教学心理层面上。教师如果想在课堂中使用体验式教学法，就必须清晰、明了地了解自身的行为价值观，这样才能更好地成为学生学习的组织者和引导者。

另外，学校还要使自身的教育教学管理体系更加健全。如今的高校学生，思想非常活跃，他们的价值观也呈现出多元化的特点。但是体验式教学会要求学生的自觉性、和自我约束性，因为这样才能够让体验式教学法的优势真正地体现出来。因此，教师如果不能科学地管理和引导课堂教学的秩序，就会使课堂教学变得更加无序且无效。因此，教师要积极、认真地参与到完善教育教学管理中来，约束课堂教学的秩序，科学化管理学生。

综上所述，教师如果想要适应和跟随教育教学改革的脚步，顺利完成心理健康教育的课程，让课程教学更有效果、师生之间的关系更加紧密，就必须在教学实践中重视体验式教学法的运用。体验式教学法和心理健康课程的完美结合不是一朝一夕就能完成的，教师必须在教学实践中不断地摸索，提高自身作为教师的素养和课堂组织的能力。

（2）宣传教育是实现预防的重要手段

高校心理健康教育课程中，大学生心理健康宣传教育所占的比重是非常高的，并能起到预防大学生心理危机的积极功效。怎么去进行大学生心理健康宣传教育呢？高校进行了不断地探索，开辟了多种途径，在活动中使大学生提高心理健康的意识。这项工作是非常重要的，高等院校不仅要增强对这项工作的重视度，还要紧跟时代的脚步，宣传科学健康的心理健康的知识，为学生心理健康服务。

高校中，大学生心理健康宣传教育的实施是需要紧跟我们党对于高校宣传教育和工作的部署，时刻贯彻科学化的原则。目前，高校还没有完全重视起宣传教育的作用和功效，因此教师必须增强政治觉悟，还要树立立德树人的理念，促进学生的全面发展。

①宣传教育的原则

一直以来高校都是多种思想与文化理念沟通互动的前沿，在全新的形势以及环境之下，承担的工作任务更加繁重，也更为紧迫。心理健康教育是思想政治教育中的一项关键工作，需要在把握学科特征与学生心理规律的前提条件下，对意见当中给出的指导思想与指导精神进行深入领悟，进而确立起宣传教育的原则。

一是育人性原则。宣传教育要始终明确其根本任务是立德树人，同时还要服务于人才培育工作，将培养全面发展的优秀人才作为首要任务，把思政教育与心理健康教育整合起来，促进二者彼此融合渗透，从而培育出更多合格的建设者与接班人。在整个宣传教育工作实践中，不可以过度强调知识方面的教育，需要认识到心理教育和德育教育的积极价值。高校需要将提升学生的人格健全度作为重点及宣传教育的中心，从而最终真正实现立德树人。

在立德树人的引领下，宣传教育需要调整工作重心，从只是面对少部分存在心理问题的学生，转变成面向所有学生；把聚焦在学生心理问题与心理危机干预的情况转向为促进学生心理健康发展与危机预防方面。心理健康教育应该是每位学生实现成长成才必不可少的内容，而不是某部分学生的专利。

宣传教育要发挥先导作用，全力创设全面育人的良好环境。积极提升教师的自觉性，丰富教师心理健康知识的掌握水平，渗透全员参与和全面发展的工作观念。毋庸置疑，心理健康教育的专兼职教师与其他的教育人员都承担着教育危机处理的责任，所以每位教职员工都是宣传者，都需要发挥宣传作用。

二是科学性原则。科学性原则要求高校在科学理论的指引之下，积极探究宣传教育内在规律，遵照心理规律，依照科学规律推进具体工作。心理健康教育是运用科学化的知识方法为学生解决心理问题与心理危机提供帮助与支持，从而使他们的心理朝着健康方向发展。因此宣传教育需要秉持科学化原则，运用科学化的方式方法，做好科学化的知识宣传工作，为学生的成长提供帮助与支持。

科学性原则的内容主要涉及以下几个方面：

宣传科学心理健康知识。心理学学科内容丰富，而且是一个极为庞大的学科体系，有已经经过实际验证的科学心理学内容，也有没有经过验证的内容。即使是被归入到科学心理学的范畴当中，在适应性以及有效性方面还是需要被检验的。所以在宣传教育时要秉持科学意识，避免照抄照搬，坚决避免伪科学知识。

现在社会上，有一些技术水平不高，但是喜欢招摇撞骗的"心理咨询大师"，他们经常通过催眠、读心炫技手法博人眼球，趁机到校内活动。针对这种情况，高等院校还必须重视大学生心理健康宣传教育内容的科学和合法。

高校首先要做的就是要了解大学生群体中普遍存在的心理特征，通过科学、有效的途径深入地研究和把握大学生心理健康和卫生的规律，以提高大学生心理健康宣传教育的效果。高校在进行大学生心理健康教育宣传活动时，要注意宣传内容和方式的多样化，不能因循守旧，要让学生对活动真正地感兴趣，从而顺利地进行下一步工作。

高校在进行大学生心理健康教育工作时，还要注意选择科学有效的时间。因为心理健康教育的时效性特征，由此高校要选择科学的时间节点来进行宣传工作时，把握宣传工作的切入点和立足点。从实践出发做好相关的工作。否则，会造成相反的结果。在大学生刚进入大学校园时，高校就必须向他们进行包括心理健康问题的重要性和应对方法的入学教育，这样再出现危机时也能做到及时干预。除了新生入学的时间点，像每一学期放假和开学的时候也是非常理想的心理健康教育的宣传时机。

三是创新性原则。宣传教育需要将创新作为一项重要准则，有效把握心理健康教育规律，革新工作理念与方式方法，彻底突破固化思维，提升心理健康教育的吸引力及影响力，有效提升工作绩效水平。

创新宣传教育的重要目的是解决问题，收获好的教育教学效果。具体涉及以下几个方面：

创新工作思想。在这个后喻时代背景下，青年人走在时代前沿，也处在文化潮头。面对新一代大学生，如果故步自封，不对过去的工作思想进行全面改革，就会被时代抛弃。

创新工作方式。我们身处在新媒体时代，各种新媒体手段层出不穷，假如不能与时俱进追赶时代潮流，运用学生感兴趣的方法推进宣传教育，就无法让学生轻松接受，更不能将宣传教育落到实处。所以我们除了要运用好传统的宣传教育方法之外，还需要采用学生感兴趣的工作方式，服务学生心理健康的发展。

创新工作方法。在全新的工作背景下，过去的宣传教育方法很多已经过时，甚至还有一部分方法成了宣传教育的"拦路虎"。不少教育人员想要用过去的钥匙打开新锁，其结果必然不能是理想的。因此教育人员要创新宣传方法，做好新时代背景下的调整以及创新工作，充分把握与满足学生的需求，消除落后方法和学生需要之间的不平衡矛盾。

②宣传教育的目标

宣传教育的实际立足点一定是高校的大学生的实际情况，宣传教育的核心一定是科学、合理的知识以及能力。因此，高校在开展大学生心理健康教育的宣传活动时，必须找准立足点，根据本校学生的实际心理情况传授给学生预防心理危机的知识和方法，以此来提高学生心理健康的水平。大学生心理健康宣传教育的主要内容包括这几个方面，接下来进行逐一地阐述。

第一，心理健康意识。对于高校来说，学生的心理健康教育面临的主要难点就是心理健康意识不强，所以这绝对是一项必须按部就班和逐渐进行的系统、综合的巨大工作。这项工作的主要任务就是通过直接或者间接的宣传方式让学生能够立足于更多的角度去看到、意识到心理健康教育以及心理健康意识，并在这个过程中提高心理自我保健的主动性、知道如何提升自身的心理健康水平。另外，高校在进行宣传教育活动时，要注意宣传的方式方法和内容不要超出学生的心理承受能力，把关注点放在掌握本校学生心理活动的特征和规律上，这样学生才能主动积极地接受和接纳这些知识技能。

第二，心理健康和预防危机的知识。高校在进行大学生心理健康宣传教育时，要明晰活动的首要任务就是传授给大学生心理健康和预防危机的知识，因此高校可以采取的方式和途径有知识讲座、微信平台、网站运营，等等。另外，心理健康教育宣传的活动还要注意跟随时代的脚步，目前信息化时代的大学生会在这种信息传播网站上主动地获取消息和知识，那么如果可以把心理健康和危机预防的知识放在公共平台上让学生自主学习，那么宣传的效果就会有很明显的提高。要让学生提高对平台上这些内容的关注度，那就考验高校组织科学、趣味学习内容，选择合适学习情景和时间的能力了。最后，积极的心理健康品质也是非常重要的，这需要正面的心理健康教育来指引，提高学生的综合素质，让他们能够对自己形成正确的认知，健全自身的个性和人格。

第三，自助助人技能。宣传教育和课堂教学不同，不是一种直接和规范性要求很高的教育活动，但潜移默化之中的宣传给学生心理带来的影响力是非常强的。宣传教育是危机预防的有效措施，在宣传过程中能够引导学生学习自助和助人的技能，引导学生演练危机应对，使学生助人和自助意识得到培养，明显提高学生应对危机的能力，减少危机引发的无助与其他消极情绪。

学校心理健康教育工作，让学生知道自己身边有哪些资源，知道在遇到困境与危机时可以将社会支持作为重要路径，科学有效地向社会求助。这些信息涵盖学校的心理健康教育地点、联系方法、具体涉及内容等。不过在实际宣传中要让学生产生信赖和便利的感受，真正做到替学生考虑，并且为他们保密。假如给予了诸多条件限制，导致学生寻求帮助与支持无法得到尊重，那么学生必然不会选用求助的方法，即使是学校拥有这方面的丰富资源，也不能够产生好的效果。

③宣传教育的创新

我国高校特别重视宣传教育，在工作落实当中获得了很多成果，也在开展心理健康教育方面发挥了积极作用。但在全新形势下，假如宣传教育仍旧运用传统方法，不加大改革力度，就无法被新时期大学生认可，从而影响宣传质量。

转变过去的宣传教育思想。目前高校组织实施宣传教育活动通常集中在新生入学时及每年的心理卫生日，可以说这是一种集中轰炸性的方法，这样的方法虽然具有优势，在未来很长一段时间仍然需要作为常用方法，但随着时代进步，只运用这样的方法是无法跟上形势的，因此还需要加大变革力度。

在如今这样一个自媒体时代，网络的迅速普及，为实际宣传工作提供了便捷。每个人都是信息接收者与发布者。以往因为诸多条件限制，通常是由高校心理健康教育中心来担当宣传教育的责任，现如今教育中心的影响力逐步增加，即使是普通高校大学生也可以成为宣传工作中的一员。在这样的情况下，教育中心需要做好管理与引导工作，积极调动参与者的宣传工作积极性，不断壮大宣传团队力量。

培养学生积极的心理品质。我们的心理健康教育的对象是正处在成长发育关键期的青年大学生，而不是医院中的患者。另外，大学生心理健康宣传教育针对的并不是少数心理存在问题的学生，是全体的学生。所以，高校在进行心理健康宣传教育时，要注意学生心理素质和综合素质的提高，促进他们养成积极的、正向的心理素质和品质。

大学生的心理健康教育工作培养的重点就是培养学生积极的心理，让学生经历更多积极的情感体验，使学生的心理弹性得到全面的增强，有效培育和发展学生的心理恢复能力。学生的心理健康水平和他们抵抗挫折和解决危机的能力是成正比的，只要学生心理健康水平越高，那么他们的危机免疫力就会越高，就算遇到了危机，也能够凭借着良好的心理健康素质快速、有效地解决。

大学生心理健康宣传教育的手段也需要跟随着时代革新，目前是一个网络信息技术高速发展的时代，它已经影响到了我们生活的方方面面，因为我们获取资源的方式和途径也被极大地拓展了，比如各种搜索引擎的出现。但是，大部分大学生对网络的认知水平还不够，可能只看到了它对人们生活的优势，而看不到它复杂、混乱、良莠不齐、会误导危害人的另一面。在这种情况下，高校必须在利用网络如 QQ、官博、官微等进行大学生心理教育宣传和为大学生提供心理咨询的同时，肩负起净化、优化网络平台、环境的责任，务必让学生接触到的都是科学、健康的咨询和知识。

另外，过去的宣传教育手段也需要提高对全新环境的适应能力，比如常规的知识讲座，让学生对所学内容的兴趣度大幅降低，而学生对于竞赛类的活动的关注与参与度大幅提升。所以需要对宣传教育的诸多手段进行恰当筛选与取舍，进行手段的更新换代，让宣传教育走入学生内心，得到他们真正的认可与接纳。

综上所述，宣传教育是讲求艺术、科学、思想的一项综合性工作，每一个教育者都需要把党性准则作为根本前提，利用科学有效的手段传播知识，更好地发挥宣传教育的作用，引领学生健康发展。

（3）重视实践活动

实践活动是课堂教学活动之外的团体活动，课堂教学活动重视的是知识和共鸣性，而实践活动重视的是自我以及团队价值的实现。实践活动会为学生提供一个相对比较独立的环境，让学生成为活动的主体，成为活动的主宰者、推动者以及完成者，以此来激发学生的潜能。实践活动最重要的一点就是能够让学生在这个活动重新认识自我，在实践中践行之前所接受和吸收的心理健康知识以及能力，内化于心。另外，从以上对实践活动的介绍中可以看出，教师在其中的作用是小于学生的。因此教师要清楚自己的角色定位。

①实践活动的特征

全面性。实践可以包含社会生活的方方面面，因此它与普通的课堂教学活动是绝对不一样的。课堂教学活动由场景、内容决定，而实践教学活动却不会。例如，课堂教学活动的内容是提前预设好的，基本不会有太大的变化，而实践教学的内容却是脱离了书本的知识，重视社会生产生活的体验；课堂教学活动的场景只在教室里，而实践教学活动却能够走出教室，面对社会和自然。因此，在实践教学活动中，教师的教学目标就是引领学生贴近社会和自然，并与之建立联系，帮助学生建立健全人格、品质。

参与性。与课堂教学活动以传授知识为目标不同，实践教学活动的目标是增强学生的学习能力，促进学生的心理健康成长与发育。因此，实践活动中要重视学生的参与感，让学生在各种各样的活动中获得真实的情感体验与感悟，从而可以养成更为良好的情感行为，这也是学习新知识的体现。

开放性。实践活动开展的目标是推动学生心理健康的发展，其根本导向是满足学生未来的生活学习需求，推动学生的全面进步，在内容上并不是要让学生获得大量的系统理论，而是要让学生把这些知识应用到实践当中。通常情况下，同样的主题能够表现多种多样的方案。由于面对的对象与环境存在很大的差别，主题是相同的，也有同样的教师负责主持活动，但最终活动中涉及的内容以及活动组织实施的整个过程仍会有很大的差异。师生没有标准答案以及规范性的活动实施流程。

主体性。实践活动的设计与组织实施都要求把学生放在中心地位，明确促进学生心理健康成长的目标，以便发挥学生的主观能动性和主体性。那么活动的开展要立足学生实际，让学生将已有的知识经验运用好，更让他们对自己负责。在这样的主体实践当中，学生的内在潜力与自主自觉能力都能够得到锻炼与发展，自然可以收获心理方面的巨大成长。

成长性。俗话说"授人以鱼不如授人以渔"，实践教学活动的目的不是给学生"钓鱼"，也就是解决心理障碍问题，而是教会学生"钓鱼"，也就是能够让学生能够学会自己解决在之后的成长发展中出现的问题。这一目标就需要教师明确自身在实践活动中的地位，把自己当成活动的组织者和向导，学生如果遇到问题可以帮助他们解决。只有这样，学生才能在实践教学活动中真正地学到技能和方法。另外，实践教学活动的对象是全体学生，因此教学必须要关注到每一个学生的成长发展。

②实践活动的开展

实践教学活动能够促进学生心理的健康发展，帮助他们提高心理品质，在实际中，心理健康实践教育的开展主要有以下几个方面：

第一，大学生心理健康协会。大学生心理健康协会简称心协，通常情况下是依托心理健康教育中心的学生社团。心协是校级学生组织，在助推学校心理健康教育方面发挥着不可替代的作用，而且产生的辅助价值也是非常深远的。

心协的宗旨。心协存在的价值与目标是心协要面对的一个重要问题。心协是一个学生组织，而这个学生组织承担着传播心理健康知识、开展教育实践活动、推动心理健康发展的作用。心协组织开展的所有活动都需要把组织宗旨作为中心，都要以心协宗旨为重要标准来评估其工作是否满足了实际要求。

在具体的工作实施中，协会常常会由于会长或其他干部在思想认知方面不够恰当或是存在急功近利的问题，而放弃了实际工作的宗旨。有一部分干部为评奖评优组织开展和协会宗旨没有关联的实践活动，这实际上是违背协会存在价值和宗旨的表现。

心协活动的发展。学生活动在近几年越来越没有人关注，因此心协组织开展的活动也在不断萎缩。在这种情况下，心协活动也必须做出改变，调整有关的活动内容和形式。例如，从活动针对的对象来考虑，需要从协会的干部和学生转变为所有学生。如果它自说自话、自卖自夸，终究也不能实现目标和表现实际成绩。心协需要牢记使命，为学生的心理健康水平提升服务。心协实践活动必须突显心理特性。当今的学生社团活动变得更加功利、娱乐，很多学生单纯是好奇或者是为了活动给的绩点分数才参与的。这让心协社团的活动变得和其他社团的活动没有区别。因此，心协在之后进行活动的组织时要体现出心协的特点，避免形式化和面子化。另外，心协的指导作用是非常重要的，然而由于设置心理学专业高等教育的学校比较少，因此这些高校的心协中缺乏具有专业心理知识的成员，参与的人员大部分是因为对于心理学的兴趣。学校教育中心一定要重视这种情况，负责起协会相关活动的指导工作以及协会与会人员的心理健康教育培训工作。通过培训让协会的办事以及活动有明晰的章程，以此帮助活动的参与者，让活动取得更好的效果。

第二，朋辈心理互助。朋辈心理互助指的是学生在经过专门教育培训，获得心理知识技能后所实施的助人以及自助的实践活动。朋辈指的是朋友及同辈，所以说朋辈心理互助就如同是同伴辅导与教育。在我们看来，互助更能够凸显彼此平等友爱，也更易被广大学生接纳认可。

朋辈心理互助活动的实践意义。首先，大学生之间每日相处沟通的时间较长，互相的熟悉度很高，更能够方便快捷地开展相关帮助活动，也能够彼此促进和实现共同进步，从而在危机预防方面凸显优势。其次，就价值观与成长经历等情况上看，学生之间存在诸多共性，彼此理解，沟通交流难度较小，能够让受到帮助的学生感受到友谊及扶持，也能够让施以帮助的人在这样的活动中收获成长快乐。最后，能够弥补专业心理健康教育中存在的缺陷。朋辈心理互助不仅能够补充专业教育力量，解决专兼职教师团队力量不充足的问题，还可以明显减轻专业教师在教育当中的压力，减少缺憾。尤其是在一般问题与困扰方面，朋辈心理互助的效果是非常理想的。

朋辈心理互助活动开展中要注意的问题。首先，需要做到量力而行。互助员需要确保在时间与能力允许的范围之内组织开展相关活动，做力所能及之事。这一过程中避免出现因为曾经受过有关培训，就认为自己是心理专家或咨询大师的心理，互助员承担的最为重要的职责是在心理方面给同学与支持和激励，让他们可以面对个人问题。假如发现同学存在非常严重的心理危机，必须要立即上报，不能够随意处理。其次，要做好保密工作。积极提升互助员的保密意识，并开展针对性的保密培训，使他们能够从根本上得到同学的信赖，以便于互助工作的有效开展。最后，要促进个人健康发展。互助员如果本身就存在心理方面的不良问题，那么在帮助他人时，特别容易诱发自己的心理问题，不仅无法帮助他人，还会给自己带来困扰与不良问题。与此同时，在帮助同学的过程中，互助员会不可避免地遇到很多困难与问题，也会出现一些情绪上的问题，此时需要教师给予帮助，让互助员也能够收获成长与进步。

第三，心理委员。心理委员指的是班级学生干部组织中负责班级学生心理健康管理的成员，它的设置和完善有利于构建高校心理教育三级网络以及预防危机体系的建立健全。

心理委员的责任。有一些高校在划分心理委员的责任时，没有科学、明晰的划分标准，因此造成了心理委员实际工作混乱的情况，这不仅不利于提升学生的心理健康水平，也不利于心理委员个人的学习和生活。心理委员的责任普遍情况下具有以下几点：首先，负责心理健康教育宣传，心理委员不仅是班级学生心理健康的管理者，同时也是学校心理健康教育活动的班级层面的代表人，因此要把学校以及院系的工作传达给每一个同学，也必须结合班级的实际情况组织具体的活动；其次，负责活动的组织，心理健康教育活动通常是以班级为单位的主题实践活动，对象是所有或者是一部分学生，活动的主持人由心理委员或者是多个班委担任；再次，负责心理支持，当班级里有学生出现心理障碍时，班委要及时、主动地发现并引导，同时帮助其去接受专业的心理咨询服务；最后，负责及时地报告协助，心理委员必须及时发现并上报给学校班级里每个学生的心理状况，帮助学校进行心理危机的预防。因为心理委员的地理优势十分重要，所以也在心理危机的发现与心理危机报警工作当中处于意义非常的地位，也成为预防心理危机的核心人员。

心理委员主要承担以下几方面的工作：

首先，在我们看来，要对心理委员在班级当中扮演的角色进行准确定位，指出他们要担当的岗位职责，但是也不能无限扩大，甚至是超出他们的能力范围，给他们正常的学习生活带来不良影响。

其次，就心理委员的实际管理而言，倡导由学校方面组织专门性和统一性的教育培训工作，同时还要积极完善培训后的考核工作，由院系负责对他们进行整体化的管理。这样的方法既可以确保培训工作的实施质量，同时也有助于对学生进行科学、有效、及时的管理。而且在这一过程中教育中心还需要做好面向心理委员的专门化指导工作，完善监督管理与考核机制，引导心理委员间进行密切的沟通互动，完成经验与技巧的沟通工作。

最后，就心理委员的选拔而言，首要原则是要具备很强的责任心以及奉献精神，而不是将他们的心理素养水平当作是选拔的首要标准。要担当心理委员这样的工作，就是要有责任和热情服务于广大同学，有着健康的心理，经受过专门的教育培训，完全能够担当起相关职责。但是如果缺少责任心和奉献精神，即使是专业咨询师也不一定可以成为合格心理委员。由于培训成本以及心理教育的相关工作具有很强的连续性，如果不存在特殊原因，需要四年连任，不能轮换或者随意更换。

（4）营造良好的育人氛围

学校作为培养高素质人才的主要基地，也是文化继承和发展的重要温床。如果想为学生培养一个健全的人格与健康、良好的个性，那么就必须使学生在一个良好的育人氛围中生活、学习、成长和发展。通过系统全面的指导和影响工作，且借助统一的社会力量，使学生拥有健康的人格，培养积极、乐观的行为和心态。

建立健全的人格会被许多因素干扰，况且这项工作是长时间处于教育和环境的多重影响而出现的成果，只凭借着说教和较差的环境肯定不能培养出优秀的人才。所以，我们必须正视良好的育人氛围对培养学生健全人格的积极作用，进而安排系统全面的引领任务，给予良好育人环境构建必需的支撑。

①良好育人氛围的营造

社会环境。人的本质是所有社会关系的一个综合体。社会关系就存在社会环境之中，不同社会环境之下会产生不同的社会关系。人的发展和社会环境存在非常紧密的关联，要培育学生完善和良好的人格，就要重视社会环境的巨大影响。

中国人常常关注的是身体健康，忽视心理健康以及精神方面的疾病。因此在开展教育工作的过程中，过度关注学生智力的开发，而忽略学生情感的培养与人格塑造。伴随我国经济发展水平的提升以及各方面改革工作的深入推进，社会环境也开始朝着更有助于人才发展的方向变化。处在社会转型阶段的人承担着极大的压力，但社会不具备良好的调节机制，再加上忽视心理健康，导致由于心理不健康而自杀事件层出不穷，建设优良的社会育人环境迫在眉睫。

家庭环境。父母是孩子的第一个老师，因此家庭环境对孩子成长发展过程中产生的影响是非常巨大且独一无二的。父母对孩子使用的教育教学方法，他们的人格性感染与认知观念等这些因素会在小孩的成长发育过程中产生巨大的影响。另外，其实每个小家庭都是一个社会的缩小化，社会环境也因此对孩子的教育成长过程起着非常重要的作用。现在的家长和学生对于升学率的追求非常狂热，这也会影响到孩子，促使孩子把经历全部放在学习上。

学校环境。即使学校教育要被社会教育和家庭教育所干扰，但是学校还是一个相对来说比较独立的教育环境。良好的学校环境可以给予学生健全人格的树立以完善的平台，使学生拥有广阔的成长空间。校园的文化建设可以起到良好的磨炼、驱策、疏导、表率等正面的影响，利于学生不规范习惯的改良和健全品质的培养。

在素质教育的总体任务的要求下，高校必须将工作的重心转到提高学生心理的品质方面，在心理健康教育和思政教育之间建立联系，进行两者的协调和互相影响，做好文化建设的同时，建立紧密的师生联系，培养良好的育人氛围。

②育人氛围的保障

好的育人氛围需要在多个方面的共同努力与共同支持之下建立起来，更是需要得到整个社会的高度关注。

从学校角度上看，育人氛围不仅需要心理健康教育工作者的不懈努力，还需要所有师生的共同参与。

一是领导重视。高校领导的高度重视是打造良好育人氛围的坚实保障，领导特别关注广大学生的心理健康，强调危机预防的重要性，同时从师资、组织架构、设施、资金等方面增加支持力度，以确保心理健康教育工作顺利开展。

高校的心理健康教育起步相对较晚，缺少重视，不少学校的心理健康教育只是一个空壳，使得相关工作人员处在被忽视的地位，因此极大程度上打击了他们的工作热情。部分学校领导认为心理健康教育根本不重要，只是在出现了恶性事件之后才开始认识到其重要性。就国内高校的实际情况而言，把心理健康教育落到实处，并在这项工作方面获得很多显著成果的学校领导在高度关注这项工作实施的同时，在政策方面也给予了大力支持。

二是制度支持。大学生的心理健康教育即将迈入一个专业化、科学化的运行路径，那必须对制度层面的建立健全工作增强投入。制度化建立健全的中心是增强制度层面的支持力度，而不应该为偶尔的突发奇想和没有标准的热情投入。预防心理危机首先必须将有关机构出台的官方法律法规与规范当成首要根底，其次必须着眼本校情况，根据心理卫生与健康的有关规律法规，建立立竿见影的标准性规则。此规则的内涵包括开支、心理咨询、心理危机的预治等角度的详细条例，为每一类心理健康教育的开展给予制度和需求保障。

心理健康教育规范的安排，必须把国情与校情联系到一起，和详细需要紧密关联，要安排得合理恰当，和实际的具体情况有非常高的关联度。因此才需进行全方位的调研和多方的调和，以此保证制度的有效性。

三是物质支持。目前人们越来越关注心理健康的水平，高校也承受了越来越大的压力。压力和机遇并存，只依靠一个房间就可以简单地建设心理咨询室已经过时了，目前要保障心理咨询室的软件和硬件设施，提供物质方面的支持，促进心理健康教育的专业化发展。当然，物质支持也包含很多方面，比如资金、场所、人员，等等。

场地设施的建设与购置，必须满足心理健康教育的实际需求，同时凸显重点，彰显特色，追赶时代潮流。在如今的网络信息时代，实际工作的开展要关注新媒体手段的应用，不断发现新问题与新状况，提高场地设施建设的科技含量。

2. 大学生个人层面的心理危机预防措施

每个由于心理危机问题而逝去的生命背后都有一个不为人知的故事，也都经历过在生死边缘的痛苦挣扎，也会有对于生命的不舍与无奈。但是个人心理危机是持续累积的，就像是房子当中的灰尘一般，会随着时间积累变得越来越厚，等到不良心理问题堆积如山时，个体的能量就已不再能够应对面临的情况。就像是房间需要定时打扫一般，我们的心灵也需要通过持续性的荡涤反省，让自己的心灵之屋变得更加干净整洁与充满阳光。所以一定要掌握心理调适的有效技巧，更好地应对心理危机。

（1）认识个性特征，塑造良好品质

人会受到遗传与后天因素的影响，也是基于这两个方面的影响，使得人的心理活动与行为各不相同，从而形成了差异化的个性。比如在性情方面，有些人活泼积极，有些人冷静内向。在行为方法上，有些人毛手毛脚，有些人成熟稳重。掌握学生个性特征以及具体的个性类型，其重要目的是让学生学会自觉控制个性当中的消极因子，进一步发挥和强化其中的积极部分，形成优良的个性与品格。

学会自我放松。通过心理学研究结论可知，长时间处在过度紧张的情形下，会让心理变得异常沉重抑郁，出现不安全感以及沉重的压迫感，引发血压血糖水平上升，诱发身体出现心血管的疾病。除此以外，长时间处在心理过度紧张的状态，会导致人的神经系统功能受到很大的影响，从而降低人的免疫力以及抵抗疾病的能力，进而引发多种疾病。学生如何在紧张学习的范围之外学会自我放松，在维护心理健康与身体健康方面意义重大。

积极自我暗示。暗示是一个非常特殊的心理现象，一般而言是用语言修正与转变人的一些行为或情绪。结合语言刺激来源的差异，可以把暗示划分为以下两个类型。

第一，自我暗示。顾名思义，自我暗示就是自己对自己的暗示，暗示的内容一般是有某种带有目的性的观念，通过这种方式有意识地影响自己的情绪和行为。例如，性格暴躁的人在要生气时强迫自己冷静、沉着下来；长期处于烦恼烦躁、抑郁的人，开导自己要放松。这样的行为本质上就是自我暗示。自我暗示下的思维都有非常个性化的特点，可以得到十分明显的成效。

第二，他人暗示。他人暗示指的是他人对自己的暗示，这个人一般是在个体心中地位很高的人。被动接受暗示的语言载体为其他人，如果想让暗示的效果更为明显，那么这个进行暗示的其他人一般为接受暗示者十分相信、信任的人。以前的一位化学方面的专家进行了这个角度的有意思的研究：代表上课的钟声敲响了，专家进入实验室、站在中央位置，眼睛看过全部实验者之后，严肃地通知大家即将进行检验气体扩散快慢和鼻子灵敏的趣味试验。然后，专家拧开随身携带的试管，将试管里面的液状物体轻轻倒出些许，洒在棉布中，走向周围的实验者，要求实验者闻出不良的气体就马上汇报。靠近专家的内圈实验者首先开始汇报，然后，汇报结果的实验者开始变多，最后外圈的实验者也汇报了相同的结果。但是，专家打开的试管里放的仅仅为最平常不过的物质，另外它为无色无味的。这其实是，专家的严肃通知和配套的行为暗示了实验者，导致实验者全部产生错误感觉。

自我暗示能够默声开展，也能够大声说出来；可以写在纸上，也可以用歌唱或者吟诵的方式表达出来。每日只需 10 分钟的肯定性练习，就可以消除我们多年来形成的一些不良的思想习惯。我们越能用积极语言与概念暗示自己，就越能创造积极现实。

（2）有效管理时间

时间是最为公正的，每天给予每个人的时间都是 24 个小时。同时时间又是最无情的，转瞬即逝，不能挽回。科学利用时间有助于促进生命的延长以及知识的有效增长。

帕累托时间管理定律的核心思想是生活当中 80% 的结果几乎来自 20% 的活动。比如 20% 的客户带来 80% 的业绩；全世界有 80% 的财富掌握在 20% 人的手中。所以我们应该把自己的注意力放在 20% 的关键事件上，才能够避免浪费时间。

结合这个定律，我们正确的做法是在做事时分清轻重缓急，具体可以按照下面的排序方法。

①重要且紧急——必须立刻做。

②重要但不紧急——只要是重要的事情需要处理，就应该当作是紧急事件，不能予以拖延。

③紧急但不重要——先要优先考虑重要事件之后再考虑此类事件。人们常常会把紧急当作是优先原则，这是舍本逐末的一个做法。

④既不紧急也不重要——等到有时间了再做这些事情。

（3）积极调节心理

个体的心理和动作和其对客观存在的评价和思考的连接呈现直线特点。评价和思考所代表的，其实只是个体对某个类别客观存在的一致观点，即人们反复提起的决心。正向的决心能使个体遇到阻碍时出现正确的心理活动和动作。负面的决心则将引起错误的心理活动和动作。假使始终保持这种决心，将会导致心理的不健康。

（4）合理心理疗法可以达到的目标

恰当心理治疗方法的第一责任为改善来访者的负面心理情绪，使来访者接受心理诊治后能够以少量的悔恨与抱怨面对现实，学会客观面对生活并且十分包容事物的生活道理。这里所说的第一责任包括多层次的含义。首先，是按照来访者状态的浮动，竭力改善错误决心导致的错误心理活动和动作，即浅层任务。其次，即使来访者身上产生长时间且固定的改变。这不只是为来访者解决问题，而且使他们克服不良的心理状态，在接下来的现实生活中有优良的感受，即长远的任务。此类任务的核心是使来访者解决现实体验里面感性的一方面，使求助者能够直面生活，使用恰当的感知方式。

（5）自信心训练

自信是一种积极心理品质和良好的人生态度，自信可以在无形之中让自我变得越来越充实，从而收获一个更好的人生。自信的人相信自己的能力与价值，在遇到事情时会表现出很强的主动性。谁都希望自己是自信之人，下面提出一些简单实用的提升自信的方法，可以让学生慢慢形成自信。要从自卑走向自信，需要打破恶性循环，消除失败恐惧与悲观的情绪态度，用乐观积极的思维面对生活。

想要获得自信可运用李开复提出的方法。首先是要尊重与鼓励自己。鼓励以及称赞对于大学生来说一直都是最佳动力。不过从另外角度上看，家长与教师给予的鼓励是很重要的，但是自信心获得的关键是自己。假如自己一直认为自己是不可以的，是不能做到的，不能够自己鼓励自己，不管其他人如何努力，也不能够让人获得真正意义上的自信。

所以自信的首要秘诀是要自己认为自己具有足够潜能，充分尊重与鼓励自己。

假如可以用尊重自己的态度发现自己的内在潜能，那么每个人都能获得成功。

其次，需要制定具体细化的目标，逐步从自觉步入到自信。在培养自信心的过程中，既要基于自觉态度，也要有具体目标做指导，并且以此为依据，朝着设定的目标不断前进。和制定人生与工作目标相似的是，自信心目标的设置也要符合可衡量性以及可行性的特征。立足个人实际设定的目标会更有利于收获成功，形成良性循环。但如果目标设置不合理，就很容易引起失败与沮丧，甚至是形成恶性循环。

大部分的时候，父母可能将自身无法争取到的东西、无法达到的目标投射到孩子那里，希望孩子能代为达到。出于这种目的，大部分孩子身处这种期待中。所以，父母对子女的全部生长和发展过程起着重要作用，他们始终为孩子树立最高的理想，却基本上不管孩子们是否具备实现理想的条件，是否敢于应对成长过程中的障碍。若是忽视孩子解决问题能力的增强，那么如果遇到障碍，孩子将毫不犹豫进入不良的状态。

自己制定的目标和理想同样是这样。大部分时候，过高的期待是导致失望的最大来源。因此，无论想实现什么样的理想目标都必须从实际情况出发，对自身有着清醒的认知和评价。

能够做到这一点的人既能够正确客观地认知和接纳自己，也能够接受其他人的品评、反馈。他们觉得身边人对自己的评价和反馈是十分客观的，不带有主观色彩的，从其中可以认识到真正的自己。所以，他们会乐于听取身边的人对自己的评价。大部分时候，他们将仔细、反复地回味和琢磨这些评价，然后再据此制定个人的合理目标。

通常情况下得到坦诚反馈是很困难的。因此可以交一些真正坦诚的知心好友，让他们愿意对自己说真话，甚至是给出一些负面的反馈来告诉自己存在哪些缺点。但是当事人不能够对负面反馈有不满，否则以后也无法听到真诚的回馈。

（6）进行职业生涯规划设计

职业生涯规划是一个周而复始的连续过程，其过程包括以下几个基本步骤。

第一，自我评估。进行自我评估的目的是要认识与了解自己。只有真正地认识自己才可以更加有效准确地选择职业。可以说职业生涯规划的基础与前提条件就是正确的自我认识。每一个人都是有梦想的，更为关键的是在规划与设定自己的理想前需要正确地认识与了解自己，避免把理想变成空想。在认识自我时，需要注意把握好自己的深层部分，除了要了解自己的兴趣爱好与性格特点之外，还需要掌握个人的人格特质，明确自己的缺点与不足，才能掌握自我，实现自我超越与自我价值的升华。在充分、客观地认识自我之后，才可以给自己准确定位，明确成长与发展的目标。

第二，环境因素分析。环境因素就是掌握对他人、组织环境、社会环境、经济环境等的了解。这些因素是影响个人职业生涯的直接因素，所以需要对这些因素展开深入剖析。

组织环境的了解主要涵盖以下几个方面：

人力评估。人力需求预测、培训方法、供需等。

工作分析。诸如工作基本能力需要、绩效评估的内容。

人力资源管理。薪资设置、福利方案、发展政策等。

了解社会环境是至关重要的，不管要从事哪一类型的工作，都需要保证职业发展与社会环境的变化相适应。正所谓适者生存，人生活在这个社会环境下，也要先从适应社会环境开始。社会因素主要包括：

社会政策。国家政策是影响个人成长发展的重要因素，比如政策当中指出可以破格录用年轻干部，这就给年轻群体提供一个有效的发展渠道，让他们可以提前到达职业生涯的成功期。

社会变迁。工业社会逐步走向衰落，信息化社会不断发展，都会给人的职业生涯发展带来影响。

社会价值观。伴随社会发展与人们生活质量的提升，人的价值观也在发生改变。人的需求与需求层次都在提升，想要获得他人的尊重，实现个人的价值。这样的社会价值观会让人在职业生涯发展当中综合考虑这些问题。

科技的进步也是影响人职业生涯规划的重要因素。

对经济环境的了解，经济环境是影响人职业生涯发展的一个重要因素，比方说经济的增长率以及发展速度。在经济处在振兴发展阶段时，百废待兴，新的行业层出不穷，新的组织逐步建立产生了很多的组织机构以及机会，这就会给职业选择与职业晋升提供良好条件。

（7）享受咨询，助力成长

心理咨询的概念是十分广博的，包含的方面非常多。心理咨询的作用体现在，可以显著地增强个体的心理承受能力，使个体走出实际的心理障碍，更好地融入现实生活，提高心理健康的水平和日常生活的水平，以此来迎接接下来的学习和生活。

心理咨询的首要任务就是要使来访者能够接纳认识自我，使来访者的心理更加成熟，心理适应能力更加强，使他们发掘自身存在的无限潜能，更好地适应周围的环境。

第四章　高校辅导员与大学生日常管理工作

对于在高校就职的辅导员来说，日常事务管理是其重要的工作内容，主要涉及新生入学以及校园日常生活管理。本章主要论述高校辅导员与大学生日常管理工作，分别介绍了大学生日常管理工作概述、大学生日常管理的重要内容与关键环节两方面内容。

第一节　大学生日常管理工作概述

要做好大学生日常管理工作，必须了解大学生日常管理的内涵与外延，认清大学生日常管理的重要意义，把握好大学生日常管理的基本原则，这样工作才会更具针对性、主动性和科学性，从而增强工作的实效性。

一、大学生日常管理的内涵与外延

（一）大学生日常管理的内涵

管理的过程就是通过计划、组织、协调、控制一定范围内的人、财、物、事等，来完成既定任务。按照 2005 年 9 月起实行的《普通高校学生管理规定》，我们能够概括出高校大学生管理的含义：高校管理者把人才培养作为核心，以大学生校内外的学习和生活为出发点，根据国家的教育政策和教育的一般规律以及依法治学、从严治学、建立健全管理制度、规范管理行为的国家教育标准，立足于管理加强和教育结合的根基，在大学生群体中进行有目的、有计划、有组织的各项教育活动，让大学生的综合素质得到全面发展，使其成长为社会主义的建设者和接班人。

（二）大学生日常管理的外延

大学生日常管理的具体范围包括广义的和狭义的，狭义层面的"大学生管理"重点指的是对大学生群体行政层面的日常管理，也就是实施大学生群体行政层面的日常管理工作中的各种计划、条例和规章制度，同时包含招生计划，注册编班，分专业，成绩考核与记载，升、留、降级、转、休、复、退学，考勤与纪律，奖励与处分，助学金与奖学金的评定和发放，毕业文凭的发放和就业等方面的管理工作及管理教育等。广义层面的"大学生管理"不仅包含狭义层面上的大学生日常管理，也包含大学生群体的思想政治教育方面的日常管理，这里面又囊括了大学生思想品德管理、健康身心管理、课堂学习管理、劳动管理、美育管理、课外活动管理等。另外，我国目前在政治、经济、社会和文化发展等宏观的层面产生迅速且剧烈的变化，高等教育也在不断深化内部的教育教学改革，大学生日常管理的工作内容也继续扩展了，比如大学生心理咨询、大学生资助、勤工助学管理、毕业生就业指导、网络管理等都是大学生日常管理包含的新方面。另外，随着中外大学交流的蓬勃发展，西方发达国家高校学生事务管理的先进理念和做法逐步被中国高校所借鉴，大学生日常管理的内涵、外延和理念、方法在不断创新发展。辅导员作为大学生健康成长的指导者和引路人，应该站在广义和发展着的大学生日常管理上思考问题和开展工作，不断扩大工作的覆盖范围和影响力。

（三）大学生日常管理的主体

高等院校大学生的管理工作包括他们的生活、学习、思想政治等各个方面，它和教务、科研、人事、后勤等部门的工作渐渐产生了联系，也存在着大学生参与度的讨论，高等院校大学生日常的管理者应该是全部的教职工和大学生本身。实际上大学生的日常管理是一个多部门合作进行的工作，也是多序列、多层次、多因素的灵活流程，它必须得到学校中各个职能部门的统一合作，需要教师、管理和服务人员共同努力，特别是辅导员和班级导师的齐抓共管并形成合力，需要广大学生的积极参与并彰显活力。高校学生的日常管理是相对于教育和宏观管理来说的，贯穿于人才培养的全过程，体现在人才成长的各个环节，而辅导员是工作在大学生日常管理一线的重要骨干力量，他们作用发挥得好坏，直接决定着管理能否形成实效。

二、大学生日常管理的重要意义

高等院校大学生的日常管理工作是高等院校学生工作的重点，对高等院校人才培养的影响是十分巨大且深远的，既和学校的安全与稳定相关，也和学校人才培养工作的顺利进行相关。

（一）高校思想政治工作稳定的基石

一定程度上来说，大学生的安稳和全校的安稳是息息相关的。在对高等院校大学生的日常管理工作中，我们能够第一时间察觉和处理大学生在思想政治方面产生的疑惑。目前，因为国际政治经济形势的持续变化，网络时代的文化、信仰、信息快速且无障碍传播，一直渗透我国的大学生群体，大学生目前的成长阶段决定了他们的热情充沛、可塑性强、求知欲旺盛、喜欢追逐潮流但辨别能力较低，因此目前的高校思想政治工作是非常艰难的。大学生日常的管理工作中的重要层面就是思想管理，即要求所有从事大学生日常管理的人员时时提高警惕，深入到大学生教室、寝室及各种活动中去，捕捉大学生思想动态，及时给予纠正、引导和评估上报。对于一些重要时间点如"五四""七一""十一"以及进校前后、毕业前后大学生思想动态要及时了解，防止大学生思想和行为受外界影响而产生较大波动，同时要关注学生对敏感事件和学校教育改革、评奖评优、后勤管理与服务等关系到大学生切身利益方面的态度和意见，及时排查和化解各种矛盾，保持大学生思想政治工作稳定的局面，给高等院校的改革与发展创造和谐平稳的氛围。

（二）营造良好育人环境、实现育人目标的关键

一个良好的高校育人环境不仅是存在良好的学科、教师、科研设施，秀丽的校园风光和高尚的校园文化，而且管理也是良好的。管理育人、服务育人和教育育人是互相促进的，管理给教育创造了技术上的方向，教育就扩充了管理的含义，不管是在管理过程中育人或者在育人过程中管理人，同样能够取得育人的效果。高校的各项大学生管理制度都承载着学校多年的办学经验和创新的办学理念，内

含着学校的育人目标和实现途径，只有通过日常各项制度的落实和管理过程的优化，才能使先进的经验得以传承，先进的理念得以实现，优秀的人才就能在这种良好的环境和氛围中不断涌现。很难想象，离开日常管理，在一个杂乱无章、公正缺失、矛盾累积的环境下怎样培养出优秀的大学生。

（三）大学生健康发展和顺利成才的内在要求

高等院校的大学生迟早要步入社会，无论进入什么行业都需要学会做人。所以，高等院校管理的任务十分重要。大学生的管理是对人的管理，根据社会学的理论，科学管理其中的限制力可以孵化人的社会化行为，使管理对象具备恰当的社会习惯，推动人的社会化进程。所以大学生的日常管理即是正常教学、生活秩序的保障方式，也是大学生全面健康成长的内在需求。依靠对大学生在校时的严厉教育、管理和社会化行为习惯的培养，能够激发大学生刻苦研究的科研精神，培养他们勇往直前的开拓意识，提高其行为的社会化水平，增强他们的自我防护意识和安全意识，健全他们为人民服务的人格。如此，大学生在今后的工作生涯中才可以有效地实现自我价值，才可以实现社会价值。

三、大学生日常管理的基本原则

大学生日常管理通过一定的管理方式，能为大学生的健康成长、成才创造有利条件和良好环境；但是从实际上来看，高等院校中有部分的辅导员和班级导师在开展大学生日常管理工作时，因为缺少改革、创新的管理理念和合理的工作方式，让他们出现了一些角色的误区。首先是"办事员"的角色误区。太多的琐事和工作事务占据了辅导员太多的时间，把辅导员变成了烦冗事务的"奴隶"，这也导致了部分辅导员的工作思路不清晰、重点不明确、工作措施不到位的弊端。其次是"保姆"的角色误区。即辅导员只关心大学生的吃穿住行方面，以及每天是否缺课，这样的工作没有主动性和创新性。然后是"哥们儿"的角色误区。部分辅导员和大学生的关系非常亲密，师生之间的相互尊重转变为朋友之间的相互听从，背离了管理、育人的理念和以身作则的教育规律，接着是"裁缝"的角色误区。即辅导员平时疏忽大学生的思想、心理工作，一发生事情或者严重之后，进行"亡羊补牢",虽然来得及,也已经失去了一次预防的时机。最后是"老婆婆"的角色误区。因为自身专业知识的匮乏,又无端插手大学生业余时间进行的合理事务,变成了"老婆婆",很令大学生反感,没能做到与时俱进地提升自身素质和能力。这些角色的误区使得大学生管理工作偏离了科学的轨道,忽视了大学生日常管理的人本原则,必须加以修正。同时,大学生日常管理工作千头万绪,是一个十分复杂的过程,牵涉多方利益,既是服务性、事务性强的行政工作,又是原则性、政策性强的人事工作,只有遵循一定的原则,才能及时、有序、高效地开展工作,增强大学生日常管理的有效性。大学生日常管理的原则主要包括以人为本、综合管理、法制管理和民主管理相结合,规范有序和体现特色相结合等。

(一)以人为本的原则

对于高校来说,大学生既是工作对象,又是工作主体。对高校学生日常管理工作而言,"以人为本"就是以学生为本,要将学生置于应有的主体位置,要尊重学生是一个自我发展的主体;要建立畅通渠道,和大学生保持密切的关联,常常到大学生群体中,聆听他们的心声,观察他们的变化,做他们的亲切朋友,且第一时间察觉他们出现的疑惑;还需充分把握他们的诉求和希望,来恰当处理他们的诉求,最大限度地提高他们的不同方面的能力以及满意度;要了解学生、理解学生、信任学生,充分发挥其自我教育、自我管理、自我服务的作用。坚持以人为本的原则,就要由原来以"事"为中心发展到以"人"为中心,由原来对学生的"监督"管理转变为"激发"管理,由原来的"包办"式管理转变到民主的"参与"式管理。

(二)综合管理的原则

按系统理论的观点,一个系统的整体优化组合时,其功能大于它各个部分的功能之和。大学生日常管理工作涉及教学管理、校风校纪等,也是一个系统工程,具有整体性。不同方面不同层次的管理是相对独立的,又是在一个系统的整体中彼此联系和相互促进。这就要求一方面,校、院(系)、年级、班等各级和负责不同方面的各职能部门,既要明确的职责分工,各司其职各尽其责,又要密切配合,实行综合管理。作为辅导员,要善于调动方方面面的教育功能促进各项日常管理；另一方面，对大学生日常管理的各个方面都要抓紧抓好，不能厚此薄彼，更不能留下盲点。同时，要注意教育、管理和服务的有机结合，使各项管理发挥整体作用。

（三）法制管理和民主管理相结合的原则

依法治校的重要内容就是法制管理。使各项规章制度更加健全、完善，让每一项大学生的日常管理工作都能依据法规处理，它是使大学生的日常管理取得效果的重要根基，但我们的法制管理不是对制度教条的执行，而是应该做到与民主管理相辅相成。首先，制定任何一项制度都应该体现教育性和民主性，其出发点和落脚点都应该是培养人才。其次，高等院校需要增大宣传和教育的力度，任何事务都按照校纪校规处理，始终坚持事前防护和事后教育的工作理念，使大学生能够知法、懂法、守法。接着，高等院校在处罚违反纪律的大学生时，要坚持程序正义、证据确凿、定性精准、处分得当的工作原则，仔细辨别大学生陈述事情经过和行为辩白。然后，在管理大学生的日常学习、行为、生活时，管理人员必须广泛地收集他们的建议、想法和需求，把学生与学校的发展结合起来，以体现出他们才是教育和教学管理的中心，提高管理的透明度，通过民主的方法使他们参加制定以及实际实施各项规章制度的积极性、主动性和创造性提高，鼓舞他们深入思考学校的各项工作以及战略，以便于双向教育教学管理机制的形成。高校还要最大限度地认识到大学生自我管理的重要程度，主动指引他们学会开展自我管理、增强自我管理的观念和管理能力，让大学生逐步成为自己的管理者，由此确保高等院校大学生"自我教育、自我管理、自我服务、自我激励"的效果。

（四）规范有序和体现特色相结合的原则

高等学校按各自特点分为多种类型，各高校既有学校办学的共性，又在行政管理隶属、人文地理环境、培养目标、大学生来源和素质、学校传统、校园文化等方面存在个性。即使同一所学校，不同院（系）在学科层次、学生类别、培养目标等方面也有不同特点。因此，大学生日常管理工作一方面要贯彻共性原则，在规范性和有序化上整体推进，满足服务于大局的整体要求；另一方面，大学生的日常管理要注重从本院（系）学科专业特点和大学生特点的实际情况出发，注重适应内外部环境的变化和大学生管理的新要求，加强调研和改革创新，充分发挥院（系）的管理自主权，多出新招、出实招、出好招，形成符合本院（系）实际情况的大学生日常管理的品牌和特色。只有这样，学生日常管理工作才能不断实现自我超越，才能不断开创管理和服务育人的新局面。

第二节　大学生日常管理的重要内容与关键环节

一、大学生日常管理的重要内容

（一）大学生奖励与违纪处理

大学生奖励包括精神奖励和物质奖励两类，奖励的对象是在德智体美劳等方面全面发展或者在思想品德、学业成绩、科技创造、锻炼身体及社会服务等方面表现突出的学生和集体。精神奖励包含口头表扬、通报表扬、表彰、颁发奖状、证书、奖章或授予荣誉称号，物质奖励包含奖学金和奖品等。

精神奖励和物质奖励可以来自多渠道、多角度，包含国家、社会以及学校，比如国家就设有国家奖学金、国家励志奖学金、全国先进班集体、全国优秀学生干部和三好学生等，省以及学校也设置有对应的各种奖励，而具体到学生管理的院（系）方面，奖励的角度和方式就会变得越发丰富和多种多样。给予学生的奖励是管理和鼓舞学生的重要方式和方法，管理者恰当地使用奖励，能够正向表扬大学生他们所作所为以及理想信念中的积极成分，来实现激励先进、树立榜样人物、发扬学校正气的目标，能够让大学生日常管理工作的效果更加明显。大学生的奖励工作主要包含各类奖项的设置、评定、审核、表彰、宣传和其他与之相关的工作内容。

违纪处理的含义是学校按照相关的法规甚至是法律，批评、教育、处分违反国家法律或校纪校规的学生。按照新《普通高校学生管理规定》，纪律处分的种类包括：警告、严重警告、记过、留校察看和开除学籍。常见的学生违纪行为主要包括：旷课、考试作弊、偷窃财物、损坏公物、扰乱校园秩序、赌博、酗酒滋事、打架斗殴等。高等院校处理违纪的学生，依法约束和管理学生，有利于校园良好公共秩序的保持，有利于舒适的学习生活环境的创造，更有利于学生遵纪守法观念的培养。奖励和处分结合起来，就给大学生确定了行为上的法规、规范，也是保持校园良好秩序的重要途径。

1. 科学设置各种奖励，构建有效的奖励机制

有些奖励是校外或者学校层面设立的，但院（系）一线学生日常管理中根据激励学生的需要经常要设立各种奖励，例如在举办各种学风建设活动、党团建设活动、文娱体育比赛、社会实践活动等过程中要设各种奖励，在树立先进典型、弘扬先进文化时要使用奖励等。同时，一般学校层面对各种奖励的评审条件和标准只有一个宏观指导意见，如奖学金的评定细则多是由院（系）结合本学科专业人才培养要求制定和执行的，因此，要形成有效的奖励机制要做到以下几点：第一，设立奖励的目的要明确，要有明确的教育性和引导性，不能为了奖励而奖励。第二，要制定切合实际的评审标准，既要体现全面发展的人才培养要求，也要照顾到某些单方面突出的个性化学生，同时，根据不同学科专业人才培养的要求，在学习成绩、创新能力、动手能力、写作能力、社会工作能力和综合素质方面的权重应该做出相应的调整。在制定评审标准的过程中，应该听取教师和学生的意见和建议，坚持从群众中来到群众中去的路线，这样的标准更能被学生所接受和拥护，从而达到奖励的目的。第三，奖励的设计要与文化建设衔接起来，用奖励来弘扬本校、本院（系）的特色文化；同时，精神奖励和物质奖励应有机地配合使用，根据不同情况选择使用精神奖励或物质奖励，使奖励的激励作用得到最大限度的发挥。

2. 公平、公正、公开地开展奖励评审

做好学生奖励评审工作要把握的关键点是：第一，准确理解各项奖励、奖学金的评审条件和要求，特别是来自社会设立的奖学金，往往对奖励对象及条件有着更多的界定，一定要严格地执行。第二，整合资源、全盘考虑，注意各层次各方面名额的分配。随着国家奖助学力度的加大和社会、校友捐资设立奖学金的增多，高校奖学金的资源越来越丰富，奖励的层次和额度各不相同，应该及时将有关信息全面的公布给学生，在确定奖励对象时全盘考虑，真正做到优生优奖。第

三，严格程序，公平、公正、公开地进行评审工作。要使学生广泛参与到评审工作中来，同时要注意严格要求承担评审组织工作的学生骨干，避免学生干部滋生腐败，要使各项评审工作在广大学生的监督下进行，应严格按照班级讨论推荐、班主任审核、辅导员审核、院（系）讨论、公示等程序，确保结果公正。

3. 加强奖励的后续管理，扩大奖励的效果

奖励的后续管理主要有两点，第一，学校需要通过各种各样的方式在恰当的时机宣传学校的先进、典型，让奖励的育人作用得到发挥并可以增强影响力度，真正形成学生比、学、赶、帮、超的生动局面。第二，引导学生正确对待奖励，避免相互请吃和铺张浪费，提倡再接再厉、勤俭节约和奉献爱心。

4. 客观公正地进行违纪处理

对大学生实施批评教育或纪律处分是对大学生的一种特殊教育形式，对学生心理和行为等方面都会产生较大影响。学校一定要慎重地处分学生，必须坚持"程序正当、证据充分、依据明确、定性准确、处分适当"，要遵循实事求是的原则、依法处理的原则、正当程序和时效原则、学生权益救济原则、教育原则。"没有规矩，不成方圆"，我们不能因为强调大学生的合法权利保护而忽视和放松对大学生的违纪处理，对学生的违纪行为视而不见，甚至隐瞒包庇；同时，也不能片面强调维护校园秩序而漠视大学生合法权利的保护。我们要认识到，处分不是目的，我们的目标是"惩前毖后、治病救人"，让处分能够育人、助人，使学生能够纠正错误并提醒他人；学校还要尤其关注受处理后学生的再育和转化工作，要更加关心他们，并调动社会和家庭的作用，使他们真正认识到自己行为的违纪性和危害性，从而自觉守纪，防止违纪行为的再次发生，要帮助他们增强改过自新的勇气和信心，这样也才能真正体现我们教育工作者存在的价值。

一般而言，对违纪学生的处分，在违纪事实的认定方面不会出现太大问题，但在程序、时效及处分依据的适用上易出现纰漏，导致学校陷入被动甚至在司法判决中败诉。

（二）大学生宿舍管理

高等院校大学生所住的宿舍或者公寓为他们生活、学习、休闲、交往的主要地点，也是让他们接受思想政治教育和素质教育的主要场所。高等院校大学生的

住宿方面的管理和他们人身、财产安全相关，与学校通常的教学、生活秩序维护以及学校、社会的稳定相关。只有加大高等院校大学生宿舍的管理力度，提升管理宿舍和建设学生社区的能力水平，这样才可以创造良好的生活和学习环境，使大学生的成长环境更加美好。当前，我国高等院校大学生宿舍管理的重难点是作息、卫生、消防和治安、人际关系冲突、党建和思想政治教育工作、学生社区文化建设等问题。要抓好住宿管理，必须注意以下几点：

1. 形成宿舍管理的有效机制与合力

要建立院（系）、后勤部门、保卫部门齐抓共管，各负其责的管理体制，要加强学生宿舍管理队伍的建设，且使学生干部、党员和积极分子等学生骨干力量的作用发挥到最大的限度，逐渐建立学生住宿管理委员会、学生栋长、层长、寝室长等各种学生自治组织参与管理的机制，要认真落实辅导员进公寓、安全保卫进公寓等制度，还要深入健全和完善宿舍管理、文明建设管理等各种规章和制度，能够与宿舍中的各个学生签署住宿的合同，使学校、学生、物业管理、保卫等各方面享有的权利以及需要履行的义务更加明晰，制定文明住宿公约等，营造人人关心家园建设、自觉维护宿舍生活和学习环境的氛围。

2. 切实加强党建与思想政治教育工作

学生宿舍或者公寓的分配可以按照学生所在的班集体进行规划，且建立集体的各党团的支部，最大限度地体现党员、团员在大学生住宿管理中的先进、榜样以及党团支部的政治基地和战斗的重大作用。还要体现出学生宿舍按班分配的好处，增强大学生社区的文化建设，使大学生的学生宿舍和公寓文化生活更加丰富，大学生的集体主义观念也更加强烈。

学校要增强对学生的安全与法制教育力度，使学生养成遵纪守法的行为习惯。要善于学会利用新生入学教育、安全知识讲座、演讲会、报告会等途径，最大限度地运用广播、闭路电视、宣传橱窗、板报等，针对学生宿舍和公寓的安全问题进行宽泛深入的教育。在节假日和重大活动期间，还要结合节日特点提出安全方面的要求，及时惩处在此期间违法违纪的学生。

3. 及时发现和处理学生住宿遇到的各种问题

首先，住在学生宿舍和公寓的辅导员如果想要切实做到和大学生"同住、知情、关心、引导"，通过这样的方式把握学生的思想动态，关注学生思想、学习以及生活，指领学生正确解决各种问题，进行常态化的思想政治方面的工作；班主任也应该定期去学生宿舍看望学生，第一时间排查和解决矛盾。另一方面，应该建立信息收集、处理和报送制度，确保信息能及时、准确上报，只有这样，才能避免不良事态的扩大和恶化。同时，要畅通学生正常反映意见和要求的渠道，及时满足学生的合理化要求。

4.切实做好校外租住学生的管理工作

因为学校住宿条件的限制或者学生个人特殊需求，目前各高校都存在部分学生在校外租住的现象，他们游离在统一的住宿管理之外，需要格外关注。一般情况下，除了学生患有某种生理疾病或心理疾病，在集体宿舍中居住可能危及自身或他人生命安全之外，其余学生最好还是要求统一在校内宿舍住宿，在集体环境中生活有利于集体观念的培养、学习交流和人际交往的锻炼。学校同意个别学生在校外租住，但学生需要详细报告租房的原因、租房的详细地址、联系方式等信息，并保证会注意自己的人身、财产安全，高等院校应该和学生以及学生家长签署相关的责任合同，明确各项安全责任。同时，应加强安全教育，定期跟踪。

（三）特殊学生群体的管理

所谓特殊学生群体是指自身情况或者家庭环境具有特殊性，不同于一般学生的群体。目前高校的特殊学生群体主要有以下几类：身体残疾的学生；存在心理障碍或患有精神疾病的学生；家庭经济困难的学生；迷恋网络游戏甚至网络成瘾的学生；成绩较差，甚至延长学制的学生；受过纪律处分的学生；新疆西藏等少数民族学生等。特殊学生群体管理是"抓两头、促中间"的重要一环，是大学生思想政治教育全局中举足轻重的部分。特殊学生群体形成的原因是多方面的，能否深入分析大学生特殊群体的状况并切实做好教育管理和引导工作，同时是深入增强大学生思想政治教育的针对性和有效性的主要渠道，有利于学校的安全稳定，有利于和谐育人环境的创造，有利于优良学风的形成，有利于大学生的顺利成长、发展。抓好学生特殊群体的管理工作主要应把握以下几个方面：

1.深入调查，掌握情况

每一个高校、院（系）不仅有性质相同的特殊大学生群体，还拥有具有本单位特点的特殊大学生群体。作为管理者，我们需要把深入特殊学生群体的工作常态化，增强与学生之间的联系，把握特殊学生群体在学习、生活和思想方面的情况，深入了解其内在的不稳定因子和出现的根源，这为特殊大学生群体的管理工作提供了前提条件。另外，管理者要建立健全特殊群体大学生的档案建立和跟踪制度，对工作的对象做到内心有把握，提高工作的积极性，但是在具体操作的流程中要保持外松内紧和保护特殊群体学生的隐私的理念；另外，我们也要积极地联合其他特殊大学生群体工作的同学，并最大限度地体现出同辈教育和大学生自我教育和自我管理的作用。

2. 以人为本，对症下药

"一把钥匙开一把锁"，不同的特殊大学生群体拥有各自不同的经历、情感特征和管理的难点，所以我们要具体问题具体分析，把实际问题的解决和思想问题的解决结合起来，因材施教，这样的管理才是最有效果的。还要以学生为本，尽力照顾到不同特殊大学生群体的内心感受，关爱他们且维护他们的自尊，如在管理贫困地区的学生时，不仅需要第一时间资助他们，也需要开展各式各样的教育活动来为他们培养自立自强、积极向上的心态，达到物质和精神的双协助；另外，关心、帮助特殊大学生群体要有较强的持久性，如在管理网络成瘾的大学生时，我们必须投入足够的耐心和毅力；同时，我们还要主动地接受专业的管理技巧，使管理的效果更好、更明显，如在管理心理存在障碍或者精神患有疾病的学生时，就必须邀请专业的人士进行共同的管理，发生危机时能够第一时间干预，防止意外情况的出现。

3. 防患于未然，化解危机

特殊学生群体大多存在一定的困难，容易出现意外事故。而学生意外事故对于周围同学的身心健康、对学校的声誉和正常教学秩序的维护都有着极大的负面影响，近年来高校学生自杀事件时有发生就是相应的例证，因此，我们要高度重视潜伏在特殊学生群体中的危机。"安全稳定压倒一切"，提高危机防范、干预和化解的能力，防患于未然，避免恶性事件发生，这是做好特殊学生群体管理工作的目标底线。这就要求我们，第一，要建立一个各方联动的危机干预机制；第二，要形成经常性危机排查和评估的制度；第三，要充分利用包括现代信息化手段在内的各种方法，发挥包括学生信息员、宿舍管理员在内的各方面作用，形成危机信息及时报送和收集的制度；第四，要善于依托公安机关一起开展工作，形成管理的合力。

二、大学生日常管理的关键环节

（一）新生管理

刚刚迈入大学生活的新生群体具有矛盾性和特殊性。他们的思想相对来说还没有完全成熟，做事比较被动，但是对学习的热情很高，有上进心。大一对新生来说是非常重要的一个学年，新生必须经历由中学到大学的各种身份定位的转变和学习的内容与方式、生活的范围与方式、人际交往的范围与方式、他助与自助、他律与自律等方面的改变。所以，大一新生的教育和管理工作对其未来四年的大学学习生活和健康发展有着巨大的影响。因此，我们想要顺利完成新生的管理工作还必须注意以下几个方面。

1.尽快全面深入地了解学生

辅导员在迎接新一届大学生进入校园时需要提前做好大量的准备工作，这里面最重要的就是需要在短时间内充分地掌握每一个学生的情况。在新生刚迈入校园的时候，作为他们的辅导员就要翻查档案，用详细的学生信息收集表来汇总学生的家庭背景、个人资料以及兴趣特长等等信息；还要和学生进行广泛深入的相处和沟通，以防忘记相关重要信息，另外，辅导员还要通过心理健康普查等方式来把握这些新生的心理情况等；把他们按照不同的情况进行分类，给有针对性的工作开展奠定牢固的根基。

2.帮助新生尽快适应大学学习和生活

大一的新生迈入大学校园可能遇到的最大障碍就是新环境的适应问题。因此，辅导员在管理、教育新生的日常生活和学习的时候，要充分地开展一些趣味活动来使他们更好地顺应新环境，转变心态。辅导员还要传授新生学习、资源利用、举办文体活动、人际交往、调适心理、独立生活等的方式方法。在进行这项工作的时候，辅导员需要兼顾教育、管理和服务，时时刻刻进行教育，方方面面规范起来，并在各个环节中做好服务。

3. 引导新生形成良好的学习生活习惯

良好的开始是取得成功的基础。首先，辅导员不仅要建立健全各项管理规章制度和纪律，而且还要把握好新生军训期间的良好氛围，使学生努力学习各项规章和制度，包括学校的学籍管理制度、行为管理和违纪处理制度、宿舍管理制度、安全管理制度等，方式上能够使用集中宣讲、座谈会、知识竞赛，等等。总而言之，这期间需要使学生明白在大学校园里要做什么、能做什么和不能做什么，重点要树立各项规章制度的严肃性和权威性；其次，辅导员一开始管理学生时应该尽可能地严厉，改变一些大学生"大学是自由的""大学学习很轻松"等错误认知，让学生明白要遵纪守法，还要进行自我的人身财产安全防范，协助他们树立学习目标，培养良好学习的态度，由此使大学生日常管理的运作良性循环。

4. 加强学生骨干队伍建设

选取和培育一支高效且能被学生信任的核心队伍，是充分发挥大学生进行自我管理的作用、加强新生管理的重要方式。这些大一新生里的很多人在中学期间就做过各种学生管理者，进入大学之后也同样存在管理同学和施展才能的强烈想法，也是新生核心队伍形成的主要根基。对于新生骨干队伍建设要坚持主动物色和学生民主推荐相结合、使用和培养相结合、充分信任和有效监督相结合，通过新老学生干部座谈等各种方式加强对新生骨干的培训，不断提高他们参与管理的能力和水平。

（二）班级管理

班级是大学生的基本组织形式，也成为大学生进行自我教育、自我管理、自我服务的重要渠道方式。班级管理的加强，以及班级团结、组织、教育学生作用的最大限度发挥，为高等院校大学生的日常管理的牢固基础和主要保障。班级建设得好坏，会直接影响学校各项教学任务的落实、日常管理的推行和德育工作的正常开展。做好班级管理工作主要应抓好以下几方面：

1. 创新班级管理模式，提高班级管理的效率

一方面，要坚持以人为本，辅导员和班级导师应该转变过去那种家长角色，以一个指导者和引路人的身份做好班级管理工作，应在把握班级发展方向的基础上，指导班级自主制定班级发展目标、自主设计班级活动、自主发展班级文化。

另一方面，在同一个班级内，应理顺党支部、团支部、班委会及其他学生组织的关系，坚持以党支部工作为核心，发挥其在班级工作中的思想指导和引领全局的作用；以丰富活动为要点，发挥团支部的综合素质培养和德育功能；以班集体日常事务服务为切入点，发挥班委会的行政事务组织管理和服务功能，提升集体归属感和凝聚力。存在于同一班级的各类组织合理分工和有效配合，可以极大提高班级管理的效率，促进班风的优化和各项工作的顺利开展。

2. 选配、使用、培养好骨干，提升班级管理的水平

一个班级工作开展得如何和发展得好坏、关键看有没有一支责任心强、作风过硬、热情服务、勇于创新、群众基础扎实的骨干队伍。因此，辅导员和班主任应特别重视班级骨干的选配、使用和培养工作。选配骨干应遵循民主集中制、民主推荐与合理选配相结合，应特别考虑骨干之间的特色互补和相互协作；使用过程中应遵循信任和及时指导相结合的原则，应形成一定的考核和激励机制；另外，应加大骨干的培训和使用过程中的培养，让骨干们在服务班级和同学的过程中成长，在成长的过程中促进班级工作的水平。

3. 把握班级建设的重点，增强班级管理的实效

班级里的班务是十分复杂零散的，包括了学生的各个方面，我们在处理各种班级的常规班务时，也要紧紧把握班级建设的主要内容，也就是班级内的党建以及思政工作、学风班风建设、制度建设与文化建设。只要把握住班级建设的中心工作，就可以使班级管理的基础更加牢固，就能够创造一个和谐良好的班级环境和氛围并产生班级独特的班风学风，有利于班级中每一个学生的成长、发展。这也可以使每一个学生可以主动地融入集体，从而促进个体和集体的协同发展。

（三）学生组织管理

学生组织包括广义的和狭义的，广义的包含学生里的党、团组织、集体组织、院系组织等，我们在这里讨论的主要是狭义的学生组织的管理，也就是学生会、研究生会、学生社团等这些学生组织管理中的问题。

学生会和研究生会是在党的领导以及共青团的指导下进行自我教育、管理、服务的学生群体组织，是连接学校和学生的主要渠道和方式，也是进行和改善大学生思想政治教育的主要群体。大学生社团则是学生按照不同的兴趣爱好自发成

立，依据一定的章程独立或合作进行活动的学生群体组织，学生社团的各种活动是素质教育的主要渠道和有效的途径，在使学生成才就业方面起着主要的作用。高等院校各级各类的学生群体组织拥有着独特的主体、组织结构和活动内容，它也是广大学生成长、发展的主要基地，是他们丰富社会经验的主要渠道之一。加强学生组织管理，使其努力践行科学的发展观，在学生日常管理中的重要性日益凸显。

1. 充分发挥学生会、研究生会在学生管理中的桥梁和纽带作用

学生会、研究生会是具有一定行政职能的学生组织，学校大量的日常教育和管理工作通过它们在学生中进行动员、部署、组织和实施，在学生群众性组织中发挥着龙头作用。学生会和研究生会是汇总、体现学生意见与建议的主要途径和学生加入学校管理的主要方式，同时为培养学生骨干、增强综合素质的主要渠道。学生会、研究生会日常管理的工作重心是引领。因此，我们要加强对学生会、研究生会的思想政治教育，引领其养成正确的价值观和导向，推动自身的健康发展以及在学生群体中的思想政治教育作用的发挥是学生会和研究生会日常的管理工作中的首要任务。学生会和研究生会要把"引领校园文化主旋律，服务学生学习生活"当成核心的价值观和导向，主动维护国家的政策法令和学校的校纪校规，以及稳定团结的政治局面和平稳的教学与生活秩序，服务于学校的社会主义精神文明建设和大学生群体的成长发展。发挥学生会、研究生会在学生自我教育、自我管理、自我服务和校园文化建设中的积极作用是学生会、研究生会管理的重要目标。一方面，要抓积极鼓励校园文化的繁荣和学生民主参与，另一方面要抓实践的规范管理，促进其健康稳步发展。

2. 加强领导和管理，把握学生社团组织发展的正确方向

学校要建立健全学生群体社团组织的基本管理法则，在学生社团组织成立、审批、活动开展、工作考核、评奖评优、财务管理和监督、队伍建设等主要环节确定管理的内容、任务和方式，由于缺乏科学完整的规章制度，学生社团组织的自由性有可能会成为无纪律性。同时，随着形势的发展，要在坚持针对性、导向性、激励性、公平性、约束性的原则上不断进行制度创新，既把握学生社团发展的正确方向，又激发各级各类学生社团组织的活力，形成朝气蓬勃的生动局面。

3.加强扶持和引导，推动学生社团组织开展健康有益的活动

学生社团组织的生命力来源于活动，所以在日常的管理工作中要拥护和指示学生群体性社团组织按照国家的法律法规以及各自的社团管理章程，自主地进行学术科技、理论学习、社会实践、文化娱乐、体育竞技、志愿服务等方面的活动。我们还可以开办优秀社团评比展示、社团文化节、社团活动展演等活动，来提高社团活动的活跃度，增强社团在学生群体中的影响力，给学生群体性社团活动创造条件、注入活力、创造氛围、搭建平台。我们还必须坚定地支持理论学习型社团组织，积极发展学术科技型社团，正向引领兴趣爱好型社团，主动加入社会公益型社团；与此同时，我们可以最大限度地激发专业教师的主观能动性来指导社团的日常管理和活动。

（四）毕业生管理

毕业生是高校中处在比较特殊阶段的学生。与其他阶段的大学生相比，他们思想趋于成熟，但又面临顺利完成学业、考研、就业、情感等诸多现实问题，因此情绪不是很稳定，同时生活比较散漫，管理难度加大。对于高校来讲，做好毕业生的教育管理工作是顺利完成人才培养目标的重要环节，也是维护学校安全稳定的重要方面。毕业生的管理要点在于学习管理、就业管理和行为管理三个角度。

1.加强学习管理，提高毕业生顺利完成学业的比率

寒窗苦读十余年考上大学，目标至少是能顺利毕业拿到大学文凭。但事实上，目前高校毕业生每年大概有 6%~10% 的学生不能顺利拿到毕业证或学位证书。分析其原因发现，一方面，部分学生由于头几年学习目标不明确，学习态度不端正，导致多门学科不合格，以致到毕业前丧失信心甚至破罐子破摔；另一方面，由于到毕业年级很多专业安排的学习任务不是很重，同时有的学生要准备考研究生，有的则要找工作单位，存在部分同学为了考研或就业不能认真对待当前的学习，甚至完全将当前学习置之度外，最终导致不能正常毕业。而实际上，无论是考研还是就业都必须以本科顺利毕业作为前提。因此，教师、辅导员、班主任、学生骨干必须多管齐下，加强毕业生的学习督促与管理，要帮助那些学习上有困难的同学尽快查漏补缺，要提醒那些不重视毕业学业的优秀学生不要马失前蹄、留下遗憾，要教会毕业生合理分配时间，处理好当前学习与考研、就业的关系，要倡导被免试推荐为研究生的学生在完成学业的前提下，提前钻研一些学术问题，也可积极联系参与到教师的科研中去，为研究生阶段的学习打好基础。

2. 加强就业管理，提高毕业生的就业率和就业质量

随着大学生毕业人数每年的上涨，社会竞争压力越来越大，大学生的就业越来越难甚至成为当今社会广泛关注的严峻问题。因此，我国也积极地进行了人事制度以及毕业生就业体制的深入改革，着重加强了毕业生在就业活动中的主体地位以及毕业生就业管理工作的重要性。如何才能做好就业管理工作呢？首先，我们要认识到就业率不仅要看量，也要着眼于质量。其次，针对毕业生，我们要开展各种讲座、座谈会、就业以及职业生涯规划辅导课程，让毕业生清楚理解就业形势以及对自我的认知的同时培养大学生的正确的就业观、人才观以及择业观，平衡好他们的就业理想和未来发展的问题。接着，高等院校也要提高毕业生的就业服务工作的水平。第一，为了统计和掌握每个毕业生的就业情况，高校要及时地统计毕业生的基本情况和信息；第二，通过各种形式为毕业生提供就业信息、就业政策的咨询和服务，比如说建立就业信息管理会、就业信息在线交流网站、就业群等，畅通毕业生就业的各种渠道。校外方面，联系好用人单位，举办宣讲会和座谈会。然后，高校也要针对毕业生举办就业以及面试技巧的培训会，帮助毕业生能够顺利找到合适和工作。再次，高校也要把握好三方劳动合同的签署，提高高校以及本校学生在社会就业方面的信誉度。最后，高校还要做好就业大学生的跟踪回访工作，以完善毕业生就业的后续服务。

3. 加强行为管理，树立毕业生的爱校、文明形象

加强毕业生的行为管理，使毕业生始终特别是在离校期间保持一种爱校、文明的形象对低年级学生的教育管理工作有着极大影响，也是对学生工作队伍的教育管理能力与水平的重大考验。有研究表明，相对于低年级来说，毕业班学生的违纪现象要更多一些，究其原因有三：其一，毕业生阶段用于自己支配的时间多了，自由度大了；其二，面临分配、考研、出国、情感等实际问题，心思多了，情绪上容易激动；其三，高校在毕业生的管理上相对于低年级放松了要求，毕业生自己也放松了要求。其中，第三个原因是最主要的原因。因此，加强毕业生行为管理十分重要。做好毕业生的行为管理工作有四个方面。第一，要加强毕业生

教育特别是文明离校教育，激发他们的爱国、爱校热情。当然，应避免说教的方式，应针对毕业生思想成熟，主体意识强的特点，多采取沟通的方式，可多策划一些为低年级传经送宝和为学校献计献策等活动，开展一些评好创优和弘扬先进的活动等。第二，要严格贯彻执行学校的各项管理制度，不能使毕业生成为"特殊学生"，使规章制度在他们面前形同虚设，更不能迁就违法乱纪者。第三，应该给予毕业生更多的关心，帮助解决一些学习、生活中的实际问题，尤其在毕业生离校期间，辅导员应该进驻学生公寓，要特别关注那些因学业或受过处分不能正常毕业、想就业而没有成功就业以及有心理问题的学生，确保不发生意外，维护正常的校园秩序。第四，要充分发挥学生党员和学生骨干的先锋模范作用，通过骨干和先进分子的率先垂范，影响和带动全体毕业生自觉遵守校规校纪，树立文明之风，弘扬优良传统。

第五章　高校辅导员与党建和班级建设

党团组织和班集体是大学生成长的重要空间，党团支部建设和班级建设也是高校辅导员开展思想政治教育的重要平台，是辅导员工作的重要任务之一。党团组织和班级建设是一项系统的、长期的工程。本章主要内容为高校辅导员与党建和班级建设，分别论述了大学生党支部建设、班级建设、学生干部的培养与管理。

第一节　大学生党支部建设

坚持党对教育事业的全面领导是抓好教育的根本前提，加强高校党的建设是推动高校事业发展的根本保证，大学生党建高质量发展是高校整体事业高质量发展的必然要求。新时代条件下的高校学生党建工作需要以问题为导向，准确把握其高质量发展的着力点，以党的建设工作高质量发展引领高校立德树人事业高质量发展。

一、基层学生党组织

基层学生党组织就是党支部，它是我们党的基础组织。党支部的作用是十分重要的，因为我们党的成员十分广泛，因此党支部就成了党指导工作、传达意见的最小单元。由于党支部的覆盖面非常广，因此它能够深入并团结最广大的人民群众，起到宣传、凝聚、服务群众的基本作用。高等院校内的党组织则是党在作为国家未来的建设者和接班人的大学生群体中的基本活动单位，在学生中起着教育、管理、宣传、动员的积极作用，有利于党团结、联系广大青年学生。

（一）大学生党支部建设的基本知识

1. 党支部构成

每一个党支部的组建通常是以单位或者区域为基础，组建方式是单独组建。区域内如果有 3 个或 3 个以上、50 人以下的正式党员，就可以成立党支部。目前我们党的党支部正在根据各地的实际情况进行扩充，力求做到党组织的覆盖面更加深入和广泛。

2. 组织活动

组织活动有广义与狭义之分，狭义的组织活动通常是指"三会一课"。"三会一课"是指按照党章和党内有关规定，定期召开党员大会、党支部委员会、党小组会，按时上好党课。"三会一课"必须体现出政治性、学习性以及教育性，重点在于党性的培养和锻炼，以"两学一做"为主要内容，力求形式丰富、气氛严肃。

①全体党员大会。全体党员大会是每一个党支部的议事以及决策大会，支部全体党员必须参加，频率通常为一季度一次。

②支委会。支委会全称是党支部委员会，负责领导支部内的日常工作，频率通常为一月一次，但是如果有需求能够随时进行。委员大会的内容包括讨论以及决定支部内的重要工作。

③小组会议。党的小组会议一般存在于人数较多、成员住址或者工作地址较为分散的党支部。这样的党支部可以根据地域划分和组建党小组，小组的组长通常由党支部的委员指定，当然也可以推选产生。小组的工作内容就是落实所属党支部的工作要求和任务，频率通常为一月一次。全体党员都需要参与，并进行谈心谈话、政治学习、批评和自我批评等活动。

全体党员大会以及支委会会议的组织和负责人通常是党支部书记，如果书记不能到会，也可以由副书记、委员组织会议。党支部的小组会议的主持人一般为小组的组长。

④上党课。党课的具体内容应该是根据党员的思想和工作的实际情况，解答群众都关注的点。还要强调身边人讲身边事的作用，提高党课的影响力和感染力。党支部通常可以组织和接纳积极入党分子旁听，党课的备课有三个十分重要的环节：教材编写；教员准备；课后的讨论。

3. 主题党日

党支部在每个月的同一天举办主题党日活动，每一个成员必须参加，活动的具体内容有集中学习、日常生活、全体议事以及志愿服务，等等。党支部在主题党日活动之前，就必须仔细讨论决定活动的主题和具体内容；活动期间必须落实好各个活动的事项。

4. 组织生活会

组织生活会的召开频率为一年至少一次，通常会安排在每年的第四季度，如果有需要也能够随时进行。大会通常包含全体党员大会以及支委会、党小组会议。

5. 民主评议

党支部召开民主评议的频率为一年至少一次，动员全体党员对照合党员标准以及对照入党的誓词，结合个人的实际情况复习党性。党支部召开的党员大会，根据自评、互评、民主测评的流程，领导党员进行评议。人数较多的党支部中，党员的自评和成员之间的检测以及互评在党小组范围内进行。支委员会会议、全体党员大会按照评定的实际情况和每一个成员的日常表现，给出最终意见。

6. 党支部委员会建设

7 人以上的党支部委员会成员的设置通常为 3~7 人，具体按正式党员的数量决定。成员主要包括书记、组织委员、宣传委员、纪检委员等，如果有需要还会包括一名副书记。如果党支部不满 7 人，只设置一名书记，如果有需要还会包括一名副书记。

7. 临时党支部

临时党支部是为进行某项任务而临时成立的组织，但是其中党成员的组织关系不留存。临时党支部的主要工作内容和正式的党支部差不多，但是不包括发展党员、处分处置党员、收缴党费、选举党代表大会代表和进行换届这些内容。批准其成立的党组织指定临时党支部的书记、副书记和委员，等等。任务完成后，临时党支部自然解散。比如，如果碰到一些攻坚克难或者大型活动的举办，就能够成立临时党支部。

（二）加强大学生党支部建设的基本要求

1. 完善组织体系

学生党支部严格按照《中国共产党党支部工作条例（试行）》"凡有正式党员3人以上的，都应当成立党支部"的要求进行设置，同时设置过程中应根据"结合实际创新党支部设置形式，使党的组织和党的工作全覆盖"的要求。各学院根据实际情况，一般可按照年级、专业、班级、科研团队设置党支部，常见的有同年级横向设置、同专业纵向设置、根据科研需要与教师党员共同设置等方式，争取实现专业、年级和班级的全覆盖；可通过设立党建工作委员会、党建工作室（中心）、先锋工作室、党建工作小组（助理团）等学生党建组织，实现党员自我管理和自我服务；可通过从优秀辅导员、优秀学生党员中选拔支部书记和委员，选优配强支部成员，提高党支部战斗力；可通过定期举办党务工作培训班、辅导班，提高党务工作能力。

2. 加强制度建设

学校根据学校党委组织的要求以及《中国共产党发展党员工作细则》《中国共产党章程》《中国共产党基层组织选举工作条例》《中国共产党支部工作条例（试行）》等有关的文件法规，按照高等院校大学生党组织建设工作的具体情况，发布、落实各学院的《发展学生党员工作实施细则》《发展学生党员的选拔条件与推荐细则》《学生党支部工作细则》《学生党支部日常工作指南》等规章制度，细化工作措施，促进党建工作制度化和规范化；指导学生党支部落实好"三会一课"制度、党员组织生活制度、民主评议党员及"创先争优"表彰制度等。

3. 规范工作要求

党支部对照党组织建设的要求逐一落实并做好记录，包括但不限于做好支部计划、总结并改进工作，坚持"三会一课"、组织生活会、民主评议、表彰评选、党费收缴、半年／年统、组织关系管理等工作。

4. 严格教育管理

以培养与发展党员为基础，做好入党积极分子、党员的日常教育与管理；以各学院为依托，建设好分党校，开展积极分子、党员日常教育和再教育，党支部书记培训等工作；以学生宿舍园区为抓手，建立党建工作室、党员工作站、党员之家等，开展学生党建和思想教育等工作；以校内外党建实践基地建设为阵地，提升学生党员党性。

5. 强化学习提升

按照学校党委组织部、党委宣传部、党委学生工作部、学院党委要求，建设学习型党支部。党支部根据当年度的学习要求，结合实际，制订学习计划、设计学习形式、深化学习内容、检验学习成果。可邀请学校马克思主义学院老师，博士宣讲团，学院党委书记、副书记等专家进行讲授，可通过学习强国、学习公社、中院网等学习平台获取优质学习资源，可通过读书会、分享会、心得撰写等方式深化学习效果。

6. 丰富党建活动

各学院根据党委组织部、学生工作部（处）的要求，丰富和创新党建活动，形成各学院品牌化、特色化、长期化的系列党建活动，通过丰富多彩的党建活动增强党支部的吸引力、凝聚力、战斗力。

7. 注重榜样引导

可以以全国高校"百个研究生样板党支部"和"百名研究生党员标兵"创建工作，省、市、校、院"先进（优秀）党支部""优秀党务工作者""优秀共产党员"评比工作等为契机，挖掘与宣传优秀党支部、优秀党员事迹，树标杆，树形象，形成创先争优的氛围。

8. 持续方法创新

关注互联网、移动互联网时代的新变化和"00后"学生的思想、心理特征，在学校、学院党委整体部署下，不断拓展新方式、新途径，创新性地做好学生党支部的建设工作。

（三）辅导员在大学生党建中的工作内容

根据学校党委组织部的具体要求，辅导员的党组织关系应该转入其管理的大学生群体所在的党支部。所以，辅导员不仅需要引导、指导、辅导大学生的党建工作，而且还需完成管理的学生群体的有关党建方面的工作。专职辅导员的工作通常有以下几个方面。

①辅导员应当认真学习《中国共产党章程》《中国共产党发展党员工作细则》

《中国共产党支部工作条例（试行）》《中国共产党基层组织选举工作条例》等，了解和掌握党建工作相关的基本知识、基本要求、基本原则和基本方法。

②必须指导好学生党支部的建设。

③必须培养好党员的骨干。

④必须发展、培养好新党员。

⑤必须指导好党支部的活动。

⑥必须关心、关爱党员。

⑦必须最大限度地利用好党员先锋模范的带头作用。

⑧必须帮助各个学院分党校，做好班主任、党课教员等。

二、基层学生团组织

基层学生团组织是团的最小单元，主要的负责的内容包括教育、管理、监督团员以及组织、宣传、凝聚、服务青年。高校学生中的共青团员比例较高，一般每个班级建设有团支部，团支部是在班级开展思想理论教育和价值引领最直接、最主要的基层组织。

（一）党和团的关系

党和团的关系就是团是党领导并组织的先进青年团体。中国共青团是中国的先进青年了解、学习、掌握中国特色社会主义和共产主义的基地，更为中国共产党的有力助手和最佳后援。党的委员会领导同级团的地方各级组织，同时团也被上级组织所领导、指挥。具体到班级团支部，应接受对应班级、年级或专业党支部的领导，同时接受各对应院系团委或对应年级、专业团总支的领导。

（二）基层团组织和班级的关系

按照《高校共青团改革实施方案》（中青联发〔2016〕18号），巩固和创新基层团组织建设的重要举措为"突出团支部政治引领作用，实现团支部工作与班委会工作融合发展"，健全支委会和班委会合作的制度，确定共青团员的评奖评优、推荐举荐等重要工作必须先由团支部委员会讨论并通过，接着团支部大会再进行研究和最终的决定。在学院团委的指导下，完善支委会和班委会协调工作机制，倡导学生党员担任班级团支部书记，鼓励团支部书记兼任班长。团支部可根据专业特点和实际情况，在组织委员、宣传委员、权益委员的基础上，适量增设实践委员、科创委员等。

（三）团支部的组织生活

1. "三会两制一课"

"三会两制一课"具体包括支部大会、支部委员会、团小组会、团员教育评议制度、团员年度团籍注册制度和团课，它属于共青团组织生活的基础。贯彻"三会两制一课"，成为保持和提高共青团政治性、先进性、群众性的必需做法，也成为促进从严治团、团要管团的首要举措，它有利于团员的思想政治教育以及自我教育，有利于强化团员的意识，更有利于提高基层团组织的凝聚、战斗力。开展好"三会两制一课"，对于教育引导团员增强政治意识、大局意识、核心意识、看齐意识具有重要意义。"三会两制一课"的记录应体现在《团支部工作指导手册》中，并提交"智慧团建"平台。《团支部工作指导手册》一般由团支部组织委员负责保存、记录，"智慧团建"平台管理员一般设置为团支部书记和团支部组织委员。

每个团支部组织生活会的频率通常为一年一次，并通过团支部团员大会、团支部委员会会议、团小组会等形式举办。团支部大会的频率通常为一季度一次，团支部委员会会议的频率通常为一月一次，团小组会则是按照工作的需要召开。

2. 鼓励入了党的团员参加团的组织生活

《中国共产主义青年团基层组织"三会两制一课"实施细则》中指出：保留团籍的共产党员应积极参加党的组织生活，可不参加团员教育评议和年度团籍注册，自愿参加者不限。为发挥好学生党员对团组织的引领和带动作用，辅导员应鼓励学生党员参加团支部的组织生活，团支部也应将所在支部学生党员的情况及时向该党员所在党支部和辅导员报告。

（四）团支部协同班级工作的主要内容

1. 主题团日活动

团支部应持续开展主题教育。结合时事热点广泛开展青年大讨论，结合重要节日、庆典开展"五四""七一""国庆"等主题活动，组织开展"社会主义核心价值观"主题宣传活动。每学期应至少开展一次主题团日活动。辅导员在工作中应指导和参与支部活动，与青年交流、与青年交友，在活动中了解学生、关爱学生、引导学生。

2. 社会实践和志愿服务

所有团员要主动成为注册青年志愿者、网络文明志愿者，每个团支部建立志愿服务支队，团支部书记兼任支队长。支队长应和院级青年志愿者保持联系，在其指导下每学期至少开展一次志愿服务活动，积极申报"交通公益"志愿服务季和志愿服务进社区等项目，结合专业开展有特色的志愿服务。

3. 第二课堂

辅导员和团支委应每学期掌握第二课堂预警学生名单，对预警学生重点指导和关心；完成第二课堂系统开课。

4. 帮扶困难团员青年

团支委应及时了解和反映青年中的不良情况（包括但不限于沉迷游戏、网络、吸烟、酗酒、晚归等），切实帮助团员青年养成良好行为习惯，切实履职，代表和维护支部团员权益，加强特定群体的帮扶（包括但不限于家庭经济困难学生、学业困难学生、就业困难学生、心理障碍学生等）。通过团的组织生活，及时听取、收集涉及团员切身利益和普遍诉求的问题，及时向上级团组织、辅导员反映，并推动解决。帮助团员青年做好学习和生活规划，帮助团员青年树立远大目标，将个人目标和远大理想结合。

（五）团员管理

1. 推优入党

推优入党就是团组织推荐优秀的成员成为中国共产党的发展对象，这不仅是共青团组织接受的来自党的一项光荣使命，还是辅导员进行党团、班级建设的主要内容。

"推优入党"是在校党委的统一领导和指导下进行的，由各个二级的党组织和校团委筹划组织，实施者是各二级的团组织，在基层团支部中开展。各级团组织不仅能够推举组织中的入党积极分子为发展对象，还能够推举组织中入党申请人变成入党的积极分子。

2. 团员发展和超龄团员

保证新发展团员的质量，提升团员队伍先进性，坚持标准、控制规模、提高质量、发挥作用，入团自愿，成熟一个发展一个。

超龄离团情况：研究生高年级可能涉及年满28周岁团员超龄离团情况，应按照《团章》要求办理离团手续，辅导员可以组织团支部召开大会、组织离团宣誓等仪式和活动，欢送超龄团员离团。

3. 组织关系

共青团员如果转入了另一个基层的组织，就需要第一时间转移团的组织关系。

①转入组织。大一新生进入学校后，各个班级的辅导员必须要求新生上交团员证、团员档案（或组织关系转接介绍信等证明），然后将新生的团组织关系集中转入。

②转出组织。毕业生离开学校之后、学生因各种原因转学、退学要第一时间转出团组织关系。

4. 智慧团建

"智慧团建"系统是全团依托网络构建的团员信息管理系统，对团员日常教育管理、团的基层组织管理有较好的辅助作用，也是辅导员开展党团和班级建设工作的网络工具。

第二节　班级建设

大学生在大学中进行学习、生活、活动以及自我教育、管理、服务的主要基层组织就是班级，它的任务主要是负责立德树人、培养社会主义建设者和接班人。积极向上、班风优良的班集体可以最大限度地利用朋辈效应；纪律良好、遵守秩序的班级能够有利于学生凝聚力和辅导员感染力、领导力的提高；互相扶持、和谐友爱的班集体有利于学生服务意识、交往能力、团队精神的培养和增强。目前，高等院校中的班集体有助于学校内的教学和管理，因此辅导员必须积极地开展班级、班风的建设。

一、高校班级建设的要求

（一）班级建设应满足学生成长发展的需要

对大学生来说，班级是步入大学集体生活的基础，也是培养大学生正确处理与他人和集体关系的重要场合，为让学生适应大学生活，应从入校开始在班级建设中带领学生共同营造"家"的氛围，学校部分学院通过"助理辅导员"等制度，帮助新生建立班集体，有助于新生入校后融入集体、建设集体。辅导员可通过主题班会、主题团日活动、社会实践活动、文体活动，或组织班级同学参加校、院党团活动、实践活动、文体活动等，增强学生对班级的融入感、认同感。

（二）班级建设要充分发扬民主集中制，实现学生自我管理

班级里的所有成员都必须参加班级建设的各项工作，监督班级内的评奖评优、推优入党（团）等重要工作，班级里的党团支部应该积极地引领和指导学生的思想建设工作。

（三）班级建设要充分发挥班委的作用

从班级的实际情况以及"突出团支部政治引领作用""团支部工作与班委会工作融合发展"的部署要求来看，团支部的干部也属于班委的干部。因此，辅导员必须明确班干部的工作职责，恰当地进行任务分工，使团支部书记、班长的工作能够更加有效，积极地结合思想引领的政治要求和班风学风建设，将育人当作工作的出发点、落脚点，部署好班级的各项建设工作。

二、班级建设所涉及的具体工作

（一）班级大会

班级大会应定期召开，其组织要求可以参考团支部大会的组织要求，即每学期至少召开两次班会，参加会议学生应超过班级总学生数的二分之一，有选举任务的班会参加会议的学生应超过班级总学生数的三分之二。在团支部大会和班会开会时间接近的情况下，两者可以同时召开，在讨论、选举、表决班会议题时，除法律规定的情况外，所有学生均有表决权、选举权和被选举权。

（二）班委会

根据团支部委员会可以邀请非支委成员的班委、同学列席，列席人员有发言权没有表决权、选举权和被选举权，班委会和团支部委员会可同时召开，共同研究班级建设、评奖评优等事宜。在讨论、选举、表决团支部委员会议题时，非团支委的班委有发言权，没有表决权、选举权和被选举权；在讨论、选举、表决班委会议题时，所有班团干部均有表决权、选举权和被选举权。

（三）班风学风建设、寝室和园区建设

每学年初，辅导员应指导班委制订班级学年计划，包括以班集体为单位的班风、学风促进计划以及文明寝室建设计划等。制订班级创先争优方案，塑造优良班风，制定班级公约等。指导班委开展学风督察（课程考勤、集体晚自习、作业反馈等），开展班内学业帮扶，监督班内同学所在的寝室按照文明寝室建设要求完成建设工作。

（四）学生返校报到和学籍注册

寒暑假、国家法定节假日前 3 个工作日，辅导员应指导班委统计学生离校返家（外出）计划，掌握每一名学生离校安排；收假当天（或前一天晚）安排班委协助完成返校点名、报到，了解收假未归学生情况。寒暑假结束后两周内应指导班委完成班级学生新学期学籍注册。

（五）心理健康活动开展

指导班委开展班级内的心理健康教育活动，定期和班委谈心谈话，从班委处了解学生可能存在的心理问题以便及时开展工作。

（六）教学活动配合

指导班委兼任相关课程课代表或鼓励更多同学担任课程代表，协助任课教师收发作业，提醒教学和考试安排、变动，发放课程相关参考资料。

（七）团支部工作配合和文体活动开展

根据突出团支部政治引领作用，实现团支部工作与班委会工作融合发展的工

作要求协助团支部的日常工作；按照班级班风的建设规划，辅导员需要协助班干部组织并开展班级的文体各项活动，比如演讲比赛、文艺晚会、辩论赛等趣味活动，还需要协助班干部指导班级的同学进入校、院等各级学生组织和社团举办的，各项、各类比赛，尤其是团体性质的比赛。

第三节 学生干部的培养与管理

本节简要分析学生干部在学生工作中起到的作用，提出学生干部的选拔和培养标准以及能力要求，以帮助辅导员开展学生干部的培养工作。

一、学生干部的作用

学生干部是活跃在校园中学习、生活的一支重要队伍，是辅导员的得力助手，是实现学生集体建设、自我管理、自我服务的强大力量，有利于构建起党团组织和学生、学校和学生、教师和学生之间的沟通桥梁。

大学期间经过学生干部工作和锻炼的学生，在理想信念、综合素养上可以得到较大提升。学生干部在同学中形成的信任、友谊和产生的威信有利于其协助辅导员开展工作。

二、学生干部的选拔、培养标准

学生干部是学生中的骨干，必须有坚定的理想信念、良好的群众基础、优良的工作作风、优秀的综合能力。

①政治合格：具有相应的理论水平，带头贯彻落实习近平新时代中国特色社会主义思想、高扬理想旗帜，坚持讲学习、讲政治、讲正气，坚决执行党的教育方针。

②品行端正：带头弘扬社会主义核心价值观，团结同学、助人为乐、踏踏实实、全心全意为同学服务，有强烈的责任感，能够落实学生干部岗位的职责要求，勤于思考、勇于创新、不怕困难。

③学习优良：有合理规划，能够兼顾自身学业和学生干部工作，取得优良成

绩，在学生中起到带头作用。

④能力突出：谦虚好学，不断提升工作能力和水平。

三、学生干部的一般分类和相关的任职要求

（一）学生党务工作者

以下是对学校党务工作者的一些任职要求与对应的培养目标：

①需要政治面貌为中国共产党党员，自身有着较高的政治觉悟，不仅能够增强"四个意识"，还能够坚定"四个自信"，并且，还可以坚决支持"两个维护"，能够真心实意，信念坚定地贯彻落实党的基本路线、方针、政策，坚定自身的政治立场。

②参与人员自身需要有着突出的能力，而且自身有着较好的分析、组织、协调、动员的能力，可以有意识且熟练地运用马克思主义的观点、方法，分析并解决工作中遇到的问题，更为重要的是，选择合适的能够成为学生党务工作者的人的时候可以优先考虑之前有过团组织工作经验的人。

③成为学生党务工作者的人自身要态度积极，在工作中主动、善思、好学，能够解放思想实事求是，能够根据现有的工作中出现的一系列问题学着以合适的方法与途径解决，能够创造性地开展日常的工作。

④本人应当有着良好的品质与高尚的人格，平日里作风优良，工作中求真务实、脚踏实地、任劳任怨，能够发自内心地为各位党员与学生进行服务，还需要本身就在党员与学生的团体中有着较高的威望。

⑤在日常工作中遵纪守法，严格要求自己，绝对不会徇私枉法，自觉接受上级及群众的监督，知错就改，不会遇到事情就滥用自己手中的权力，不会违反纪律为自己谋求私利。

（二）院级团组织学生干部

1. 团委副书记（学生兼职）

任职要求及培养目标：

①政治面貌为中共党员、中共预备党员或共青团员，组织关系在所在学院。

②增强"四个意识"，坚定"四个自信"，做到"两个维护"，具有履行岗位职责所需要的理论素养和政策水平，具有坚定的政治立场，能认真贯彻执行党的路线、方针、政策。

③对共青团的工作有一定的了解，自身也是饱含着热爱来工作的，自身有着较强的组织协调能力、文字表达能力、管理应变能力；工作积极主动，求真务实，开拓创新，具有强烈的创先争优意识、敬业奉献精神和团结协作能力，有团组织工作经历者优先。

④学习成绩优良。

⑤群众基础好。作风正派，诚信守法。密切联系青年，在青年中具有较高威信，能较好地发挥模范带头作用。

2. 团建中心主任、团建中心部长和团建中心干事

任职要求及培养目标：

①政治面貌为中共党员、中共预备党员或共青团员，组织关系在所在学院。

②政治觉悟较高，历年来团员教育评议等级在"合格"以上。

③熟悉并热爱共青团工作，具有较强的组织协调能力、文字表达能力、事务工作处理能力，有团支部工作经历者优先。

④学习成绩优良。

⑤群众基础好，作风正派，诚信守法。

（三）学生会、研究生会干部

1. 主席团成员

任职要求及培养目标：

①政治觉悟高，增强"四个意识"，坚定"四个自信"，做到"两个维护"，政治面貌是共青团员、中共党员且历年来团员教育评议等级在"合格"以上者优先。

②品学兼优，综合排名在同专业同年级前30%。

③全面了解学生会的建设要求和各项工作，具备较强的领导、组织和协调能力。

④有良好理解沟通能力、表达能力、团队合作能力，能够和学生会干部团队、学生组织干部、班团干部、社团干部、校学生会和兄弟学院学生会团队间协同合

作，为广大学生服务。

⑤有较强学习能力和创新能力。

⑥有两年以上高校班团工作经历或高校学生会、学生社团工作经历者优先，作为骨干的集体获得校级以上集体荣誉表彰者优先。

2. 部长、部委

任职要求及培养目标：

①政治觉悟高，增强"四个意识"，坚定"四个自信"，做到"两个维护"，共青团员历年来团员教育评议等级需在"合格"以上。

②品学兼优，无培养计划中的未通过课程。

③具有较好的执行力和有效的计划、组织与协调能力。

④了解学生会的建设要求和各项工作，全面了解所在部门的职责要求和工作方法。

⑤有良好理解沟通能力、表达能力、团队合作能力，能够和学生会主席团、兄弟部门、同学院学生组织干部协同合作。

⑥有社团干部、班团干部经历者优先

3. 干事

以下是对干事的一些任职要求与对应的培养目标：

①要有较高的政治觉悟，能够增强"四个意识"，坚定"四个自信"，还能够做到"两个维护"，最终，还需要明确的一点就是，参与者需要是共青团员且在团员教育的评议等级上一直是"合格"及以上。

②要求相关人员应当是品学兼优，不止如此还能够做好相关的时间管理措施，将自己的学习时间与工作时间进行合理的分配。

③自身要有着良好的执行力，还有计划、组织与协调的能力。

④能够安心学习知识，认真研究并掌握其所在部门的各项规章制度与工作方法。

⑤自身有着良好的沟通能力、表达能力、团队协作能力，可以顺利与学生会主席团等进行合作。

⑥优先招录那些有着社团干部、班团干部工作经验的人。

（四）学生组织干部

任职要求及培养目标：

除了参考学生会组织的干部要求外，应对学生组织所负责的专项工作有浓厚兴趣（干事）、有工作经历（部委）、有工作经验（主席团）。

（五）班团干部

1. 团支部书记

任职要求及培养目标：

①政治觉悟高，增强"四个意识"，坚定"四个自信"，做到"两个维护"，共青团员历年来团员教育评议等级需在"合格"以上，中共党员和中共预备党员优先。

②具有良好的群众基础、领导能力、组织能力和良好的人际交往和沟通能力，能够带领班团创先争优，凝聚班级同学。

③熟悉团支部工作各项要求，起到思想引领作用，带领全班同学坚定不移跟党走。

④具有强烈的责任感，愿意在班团工作中担当作为。

⑤品学兼优，无培养计划中的未通过课程。

⑥符合党员发展条件，带头向党组织靠拢。

2. 团支部委员

任职要求及培养目标：

①政治觉悟高，增强"四个意识"，坚定"四个自信"，做到"两个维护"，共青团员历年来团员教育评议等级需在"合格"以上，中共党员和中共预备党员优先。

②具有良好的群众基础、领导能力、组织能力，良好的人际交往和沟通能力，能够凝聚班级同学。

③熟悉团支部工作各项要求，有较强行动力，能够协助团支部书记起到思想引领作用，带领全班同学坚定不移跟党走。

④具有强烈的责任感，愿意在班团工作中担当作为。

⑤品学兼优，无培养计划中的未通过课程。

⑥符合党员发展条件，带头向党组织靠拢。

⑦较强文字表达能力和物品、事务归纳整理能力。

3. 班长

任职要求及培养目标：

①政治觉悟高，增强"四个意识"，坚定"四个自信"，做到"两个维护"，政治面貌是共青团员、中共党员且历年来教育评议等级在"合格"以上者优先。

②具有良好的群众基础、领导能力、组织能力，良好的人际交往和沟通能力，能够带领班团创先争优，凝聚班级同学。

③熟悉班级班风学风建设和各项事务工作，有较强的行动力，能够协助团支部书记开展思想引领工作，带领班委干部完成各项事务工作。

④具有强烈的责任感，愿意在班风学风建设中担当作为。

⑤品学兼优，无培养计划中的未通过课程

4. 其他班委

以下是对其他班委的一些任职要求与对应的培养目标：

①有着较高的政治觉悟，能够增强"四个意识"，坚定"四个自信"，还能够做到"两个维护"，不止如此，还需要自身的政治面貌是共青团员、中共党员，并且，对于自己所具有的身份在历年来获得的教育评议等级都在"合格"以上，这一类人是可以被优先录取的。

②需要有着良好的群众基础，有着优良的组织能力，能够熟练且高效地进行人际交往，有着良好的沟通能力，不止如此，还可以作为领导，带领着班团创先争优，从而凝聚班级同学。

③能够熟悉了解各种负责的工作，有着较强的行动力，能够帮助团支部书记一起开展思想引领工作，帮助班级中的班委干部完成各种事务工作。

④自身有着强烈的责任感，能够在班风学风的建设中积极领导工作。

⑤应聘者需要保证品学兼优，没有在培养计划中出现未通过课程的情况，对于应聘学习委员的学生来说，需要保证自身的成绩排名在班级的前30%。

（六）兴趣社团干部

任职要求及培养目标：

除参考学生会组织的干部要求外，还有以下要求：

①热爱兴趣社团所对应的项目。

②熟悉项目的规则和活动开展的规律。

③有组织相关活动的经验，能够向他人推广宣传社团积极向上的活动。

四、学生干部的培养体系

（一）学生党员骨干培训

全校的学生党员骨干培训由学生工作部负责组织实施，主要包括：学生党员骨干培训、研究生"承唐新才"骨干培训、学生党员干部主题教育实践。又分为理论培训、主题教育实践、社会实践、团体辅导、素质拓展等内容，旨在开展学生党员的思想引领，切实发挥学生党员思想上的模范带头作用。开展服务能力提升训练、领导和组织能力培训等，提升学生党员骨干的业务素养，从而更好地服务学生并树立威信。

学院的学生党员培训应覆盖所有学生党员，按照学院党委统一部署开展，内容包括学生党员时政热点研读班、学生党员主题教育和主题实践活动、党务和组织工作培训等，旨在做到对学生党员的思想教育常态化、全覆盖，提升学生党支部工作水平，带领学生党员时刻保持先进性，从而树立标杆，引领青年学生成长。

辅导员工作内容如下：

①掌握所带学生中的党员、预备党员、入党积极分子情况，了解学生党员骨干的思想政治表现、性格特点、兴趣爱好等，以便分类指导和推荐参加各类培训，同时发挥特长参与到学生思想引领工作中。

②积极向学院党委推荐参加骨干培训的学生。

③引领学生党员在实践中起到模范带头作用，巩固思想政治教育成果，如：学生党员为班团讲党课、团课，学生党员担任班团主要干部，又或者是由学生党员身先士卒参加社会实践等。

（二）"青年马克思主义者"培养工程

"青年马克思主义者"培养工程开始于 2007 年，主要工作内容是希望开展教育培训或者实践锻炼等活动提升青年团体的整体素质与各项能力，使其能够坚定自身的社会主义信念并为成为社会主义建设者而不断奋斗。

辅导员工作内容如下：

①在院级、校级层面的"青马工程"培训班中担任兼职班主任、班导师等或受聘为"青年讲师团"成员，面向"青马工程"培训班开课。

②按照学院团委安排，推荐参加院级、校级"青马工程"培训班的学员。

③关心"青马工程"培训班学员的学习效果，并引导、帮助其在班团工作中发挥作用。

（三）业务能力培训

业务能力培训指由学校、学院、学生组织、社团、辅导员等根据工作需要开展的，针对工作方法、工作能力、工作实务开展的培训。例如学生记者培训、通信员培训、艺术体验培训、海报和广告设计培训、PPT 设计制作培训、办公自动化软件培训等。这些培训往往可以帮助学生干部提高实际工作中使用现代工具、掌握相应技能，是提升学生干部工作效率的有效方法。

辅导员可结合自身特长和工作需要开展培训，可以用讲座、沙龙、工作坊或个体指导等形式，覆盖范围除自己所带学生外，还可以延伸到全院乃至全校的学生干部，促进全校学生干部能力和业务素质的共同提升。部分培训可以融入"第二、三课堂""青马工程""学生党员骨干培训"中。

五、学生干部的关爱和管理

（一）思想引导

学生干部是学生中的骨干力量，对其他学生有一定的影响力，要全面加强对学生的思想引领，就要抓好"关键少数"，首要任务就是帮助学生干部增强"四个意识"，坚定"四个自信"，做到"两个维护"。工作中，辅导员应以身作则，通过谈心谈话、工作会议、工作指导、日常工作等向学生展现良好的政治素养。

（二）工作指导

工作中，辅导员对学生干部要高标准、严要求，特别是在日常学习、工作作风、行为规范方面，做到"严管与厚爱"。同时，辅导员应帮助学生干部提升管理能力，改善工作方法，做到"把握原则、充分信任、多教方法"。例如，组织活动时，发挥学生干部主观能动性，鼓励其积极主动、善于创新，辅导员帮助学生干部在工作中把握方向、掌握原则，善于在工作中发现学生干部的优点，给予肯定和鼓励；针对当代学生的特点，善于发现其容易接受的批评方式，对待缺点和错误时要既不打击其积极性，又帮助学生改正与改进。

（三）心理和学业关爱

学生干部也是从学生中进行选拔的，在这之中或会有低年级的学生在进入大学之后，因为身份观念转变的不及时而导致自身的学习压力与工作压力不断累积，甚至于会在工作得不到同学们的认可之后产生更为严重的心理压力。

第一点，大学辅导员应当及时从各个方面观察学生干部的心理状况，对其工作进行适当的鼓励，还要为其纾解内心困惑，在遇到关键问题的时候，辅导员的倾向不可偏颇，要成为学生干部工作中的坚强后盾。

第二点，辅导员应当及时关注学生干部的学业情况。很多时候，会有一小部分的学生干部难以平衡自身的学业与工作，这就导致其顾此失彼从而两者皆输。所以，辅导员应当及时对学生干部的学习与工作进行指导帮助其能够全面发展。

第三点，辅导员应当及时肯定学生干部的优秀工作成果，及时宣传其事迹，并推荐其参加表彰。

六、学生干部的考核及荣誉体系

（一）考核评议

制定定量考核与定性考核相结合的考核评议方式，其中学生党员干部应符合《党章》学生团干部应符合《团章》等的相关规定，考核应本着公平、公正、公开的原则，应遵循民主集中制的原则。可以根据学生干部岗位不同、服务对象不同予以分类考核，建立不同标准。

（二）荣誉

学校为鼓励与表彰优秀学生干部，设立了优秀学生干部、优秀团干部等荣誉称号。下面，本书对优秀学生干部、优秀团干部等荣誉称号的评定进行阐述，以供参考。

1. 优秀学生干部

不仅需要符合个人荣誉评选的所有基本条件，还需要符合以下三个条件。首先是该学生干部应当是由学校的有关部门或学院认定的学生组织所任命的，且需要任职一学期以上；其次，该学生干部应当积极进取，有开拓精神，能够起到带头作用，自身坚持公平公正的原则，不仅如此，还需要在学生群体之中有着较高的威信，且需要工作优秀；最后，学生干部需要能够正确处理自身的学习与工作之间的关系，做到两不误，还需要保持自身的成绩在年级专业的40%以内。

2. 优秀团干部、十佳团支部书记

应符合如下要求：①理想信念坚定；②心系广大青年；③工作能力过硬；④工作作风优良；⑤模范践行社会主义核心价值观；⑥在网络上进行"青年大学习"的学习；⑦进行"智慧团建"的注册并完成完整的录入；⑧需要有一年及以上的团工作经历。

推荐时，辅导员应"优中选优"，在满足基本条件的团学干部中，结合考核结果，充分征求学生、团员的意见后予以推荐。

第六章 高校辅导员与大学生就业指导

在高校毕业生就业制度改革的推动下，毕业生就业指导和服务体系建设已经成为建立现代就业制度和教育教学改革的一项重要内容。本章主要内容为高校辅导员与大学生就业指导，详细论述了大学生职业生涯规划、毕业生就业指导工作和基于数据化思维探究毕业生就业指导工作。

第一节 大学生职业生涯规划

机会总是稍纵即逝，所以说必须要提前做好准备。进行切实可行的职业生涯规划能够帮助我们实现职业的成功甚至于是人生的成功，而大学生的职业规划更是个人走向职场的基础性准备工作。从跨进校门的那一刻开始，大学生们就需要在规划中前行，并通过实践来完善规划。

一、职业生涯概述

（一）职业的含义

对大多数大学生来说，职业是一个"万花筒"，而且，对于他们来说，他们对职业虽然有一定的了解，但却是极为片面。在毕业生当中，有一些人认为，职业指的就是某一种工作，就比如日常生活中经常会见到的医生、教师，等等；还有一部分人认为，职业指的是生活来源；又或者是一部分人眼中的"专业类别"或者"等级身份"。对职业的各种认识主要归因于我国的社会以及家庭教育，加上当代大学生从小学到大学疲于应试，使得他们对于职业知识了解得并不全面。

对职业的认识一般可以从两个角度来认识。从社会学的角度来看，职业指的是一种社会现象，具体来说，就是指那些人们为了自身的日常生活与未来发展所从事的较为稳定的、能够提供资金收入的、专门类型的社会劳动。而且需要注意的是，伴随着时代的发展，现阶段的很多社会劳动都在进行着更加细致的社会分工，所以说，相关的职业也在不断地发生着变化，近年来，不少新兴的职业也在不断地出现并发展，而且，不少老旧的职业，也在伴随着时代的变迁，逐渐走下历史的舞台。如果从个人的角度对职业进行看待的话，可以认为，职业指的是由个人进行扮演的一系列工作的角色。对大学生而言，第一次就业意味着要从学生角色转换到职业角色。同时，对于初次就业的大学生而言，就业也是解决个人生存的一种手段，是大学生独立的表现。

因此，可以认为，职业是指有劳动能力的人未来的谋生和发展，通过发挥自己的能力和专长而从事的相对稳定、有经济收入、特定类别的社会劳动。它包括三层含义：首先，从事职业的目的是谋生和发展，所以在择业时不仅要考虑到薪金的多少还要考虑到将来的发展；其次，选择职业时要用到自己的专业特长，所以大学生为了找到更好的职业必须要有一定的专业知识和技术能力，只有这样才能够在日益激烈的人才市场上拥有竞争力；最后，职业是相对稳定的而不是绝对稳定的，且有特定的类别，这就要求大学生择业时一定要选准与自己能力、兴趣和价值观相匹配的职业类型，最好在第一次就业时就选准，如若不行，可以考虑在工作前期通过转岗和换行等行为进行自我调整，直至最终找准自己的职业定位。

（二）职业生涯

人的一生，从出生开始就扮演着孩童、学生、劳动者、为人父母等各阶段的多项社会角色，这些角色的组合成就了每个人不同的生活方式，这样的发展历程构成了"生涯"。职业生涯主要是指一个人一生在职业岗位上所度过的与自身的工作活动有关联的连续的经历。一般而言，职业生涯指的是一个动态的发展过程，它主要指，一个人的职业选择、职位变动以及个人的职业理想得以实现的整个过程。但是需要注意的是，在这一过程当中，一个人能够独立自主的选择如何实现自己的人生价值，并在实现自己人生价值的过程当中，不断地突破自我、追求自我，最终实现自己的人生理想，完成自己的人生目标，所以说这一阶段是人的一生当中最为重要的发展阶段。

学者在探究职业生涯分类的过程中，会将职业生涯分为内职业生涯与外职业生涯，总的来说，将其分为内外两部分的分类方式，有助于实现职业生涯的发展目标。其中需要注意的是，内职业生涯指的是一个人在从事某种职业的时候所涉及的知识、经验、能力等一系列因素的组合与这些因素的变化过程。需要明确的一点是，内职业生涯是任何人都没有办法进行替代与窃取的，是属于自己的人生财富。另外，外职业生涯是指的某一个人在从事该职业时的时间、地点、工作单位、工作内容、工作环境与待遇等因素的组合与这些因素的变化过程。而且需要明确的一点是，外职业生涯的增长是依靠于内职业生涯的发展而实现的。所以说，要努力提高自身的职业生涯的影响要素，并将其广泛作用于外职业生涯的发展过程中，可使个人的职业生涯沿着既定的方向顺利前行。内外职业生涯的属性及特点如表 6-1-1 所示。

表 6-1-1　内外职业生涯的属性及特点

分类	属性	特点
内职业生涯	观念、知识、能力、心态等	需要个人获取，一旦获得就不容易丧失
外职业生涯	工作地点、单位、待遇、职务等	需要别人认同、给予，也容易被他人否定、剥夺

二、职业生涯规划分析

（一）职业生涯规划的概念

职业生涯规划也被人们称作职业生涯设计，普遍认为是著名管理学家诺斯威尔（William J.Rothwell）首先提出这个概念的。

对职业生涯规划概念的认识，应着重把握以下内容。

职业生涯规划分为认知、设计、行动三大部分。职业生涯规划是一种复合化的行为过程。在职业生涯规划中的"认知"包括对自身的人生理想、职业价值观、兴趣爱好、家庭条件、社会环境等方面的认知，除此之外，还包含着对职业生涯规划相关的理论与方法的认知。设计是指个体根据认知，为自己有针对性地树立职业目标、制定实施方案、确定阶段任务。行动则是将设计的内容付诸实施。三者环环相扣，浑然一体。

在进行职业生涯规划的时候，需要注意的是，通常将职业实现与职业维持为中心，而且在这之中包含着对一些非职业因素的规划。一般而言，作为物质生活来源的基础，职业同时还是心理塑造的重要因素，正因如此、职业生涯规划才会成为一个独立的研究主题，甚至在某种意义上，职业生涯规划可以等同于生涯规划。所以，职业生涯规划的核心是找到适合自己的理想职业，并得以维持。但是职业的实现和职业的维持不是孤立的，它们需要生涯的其他方面作支撑。比如，家庭的建立往往有助于职业因素更大地发挥作用，家庭的建立形态等也会影响着职业的选择，还影响着在职业结束之后个体的归属。总而言之，职业生涯规划就是对一个人的个人生涯进行较为全面的规划的过程。

一般而言，职业生涯规划会在一定程度上收到客观条件的影响，其自身具有一定的框架性。首先，职业生涯规划本质上可以看作是一种社会科学，本身无法做到像自然科学那样严谨精确。其次，职业生涯规划的调整是主体与客观因素的适应关系，但客观上的因素是无法完全预料的。职业生涯规划所能做到的是根据既有的因素去安排路线和行动，在客观因素变化时，也能运用合理的方法去应对。但是，如果没有这些准备，我们将漫无方向，在面对新情况时，也很难找到合理的方法解决。所以职业生涯规划为个体的发展提供的并非如建筑图纸那样的细致无缺，它提供的是让我们合理有序发展的框架。

（二）职业生涯规划对大学生的意义

每一个人在性格、能力、心理、价值观念、身体素质、物质条件、生活状态等各方面都没有完全相同的，这就是人生发展中"质"与"量"的差异所造成的。人生发展的"质"与"量"可以说是人与人之间的区别标签。因此，在发展的起步期，只有找准自己当前的"质"与"量"，才能知道自己所处的位置、所具备的条件；只有找准了自己未来的"质"与"量"，才能知道自己所努力的方向和所要达到的境界。这需要一种衡量工具。在发展的过程中，只有运用恰当的方法，科学系统地去构造发展的轨迹，才能找到理想的"质"与"量"。这就需要一种勾画手段。我们都知道，标尺的作用是衡量与勾画，而职业生涯规划正是人生发展的标尺，这点对于站在生涯发展十字路口的大学生而言，更是如此。

1. 职业生涯规划的衡量作用

（1）指导大学生确定恰当的人生目标。目标是人生之路的灯塔，它指引着奋斗的方向，也给予奋斗的动力。但是，确定一个恰当的人生目标绝非易事。目标确定得过于宏大，就会找不到实现目标的入手之处，对个人成长起不到促进作用；目标确定得过于狭隘，会使得个人的成长受到过多的约束，最终限制了发展的空间。而职业生涯规划所包含的各种理论、方法、工具，可以帮助大家准确地认识自我，在正确的自我定位的基础上，结合外部条件和社会需要确定切实可行的目标。

（2）帮助大学生认识既有的发展状态。认识既有的发展状态，包括对个性的认识、对现有能力和不足的认识、对发展阶段的认识等。如果对既有的发展状态有较好的把握，就可以确定之前所做努力的效果，明确下一步应做的工作。这样，我们就能知道今后是应该继续沿用之前的发展思路，还是作适当的调整。这既可以作为一种对之前确定的人生目标的检验，又能促进我们逐渐朝人生目标迈进。

2. 生涯规划的勾画作用。

（1）帮助大学生树立正确的择业观念。时下就业市场上之所以会出现"公务员热""金融热""房地产热"等现象，很重要的原因就是很多大学生没有正确的择业观念，而一味地追随大流，或者仅仅认识到社会环境对职业发展的影响，而没有考虑自我的身心特点和未来发展的目标。延伸到相关的"考研热""出国热"等，这也是大学生群体缺乏正确就业观念的表现。没有正确的择业观念，带来的结果往往是就业中的四处碰壁，或从事了一个不适合自己的职业，导致个性被压抑，能力被限制，生活上郁郁寡欢，事业上步履维艰。"三百六十行，行行出状元。"对于有抱负的人而言，其实大多数职业都有广阔的施展空间，都能给人生带来成功的荣耀。正确的择业观念应当是自我认识、环境认识、价值目标认识的系统结合。而职业生涯规划可以帮助个体在此基础上树立具体的、有针对性的择业观念，从而对机遇的把握更为全面和深刻。

（2）引导大学生重视并有针对性培养素质和能力。对于大学生而言，当前社会发展充满着机遇，同时又面临着严峻的挑战。可以预见，未来对人才要求的趋势是越来越多样化、专业化，而且越来越注重品行合一。我们常常听说这样的情况：有学生在工作中由于不能熟练地使用各种现代化的工具，使得其能力大打折扣；有学生在大学期间虽然看了很多书，但在工作时无论是口头还是书面表达能力都不强，直接影响到社会对自己思想观点的认可；还有一些学生在工作时感觉专业知识学得不深，常有重回校园学习的冲动等。这些都是大学生没有针对性培养自己的素质和能力的结果。那么，在挑战和趋势面前，大学生应该怎样培养素质和能力呢？人一生中学习和实践的时间是有限的，我们很难使自己的素质和能力面面俱到，使自己成为无所不能的"全才"。而且当代社会分工的精细，使得任何人都不能在所有领域里都能大展身手。因此，我们应该以发展目标为核心，有针对性地培养自己在某些方面的素质和能力。学习了职业生涯规划，相信大多数人都能理解这一点，并会付诸行动。

三、大学生职业生涯规划研究

一般情况下，大学生职业生涯规划指的是大学生在各种因素影响下进行自我认知的定位，并基于此确定自身的未来职业生涯发展目标以及相关的职业，同时制订能够实现这一目标的计划，而且需要注意的是，在这一句话当中，还需要进行一定程度上的时间安排。高校辅导员在引导学生制定职业生涯规划的时候，要让学生做到以下几点：

①需要大学生对自身与周围的环境进行全面且客观的认识。

②明确自身对于未来的职业生涯的发展目标。

③确定自身理想中的职业发展目标并完成自我评估与环境分析。之后确定相应的职业生涯路线，还需要制订完成这一目标的计划与对应问题的反馈调整。

④任何事情都需要一步一步来，绝对不可以一蹴而就。

⑤在最后，实现最开始所定立的职业发展目标。

（一）大学生职业生涯规划的要素

每个人经历不同，在职业生涯规划的构成中所考虑的因素也就不同。可以用一个公式来总结出职业生涯规划的三大要素（如图6-1-1）。

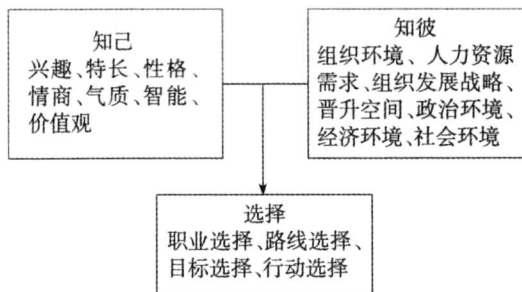

图 6-1-1　大学生职业生涯规划要素之间的关系

通过上图我们可以知道，在知己知彼的基础上推导出选择，一般而言，职业生涯规划就是对自身与周围影响因素进行清晰认识并在之后进行正确的选择，只有如此才能够更快实现自身的人身价值。在职业生涯中"知己"一般是指对自身的个性与能力等进行深入的任职与了解；"知彼"指的是对周围的环境因素加以熟悉。总的来说，这两者是相互联系的，所以说，要想实现自身的职业生涯目标不能够闭门造车，而要符合现实的情况对自己的职业生涯进行符合现实的正确规划，在"知己"与"知彼"的基础之上做出正确的"选择"。

（二）影响大学生职业生涯规划的因素

辅导员在进行职业教育或就业指导的时候，要因人而异。不同的人，其职业生涯规划也是不尽相同的，要受到诸多因素的影响，其中影响较大的因素有家庭、社会背景等。因此，要让大学生在规划自己的职业生涯时，要根据自己的实际情况，综合各方面因素，找出最有效的发展方向和方法，做出有利于自己的最合适的职业规划。每个人的职业生涯都会受到家庭、社会等多种因素的影响。职业发展是个极其复杂的过程，任何一种因素的改变，都会对职业规划和发展造成不同程度的影响，接下来我们将对影响职业生涯的主要因素进行阐述。

1. 受教育程度

职业生涯的发展程度如何，很大程度上取决于他的受教育程度。教育能够赋予个人才能、塑造个人人格。一个人的知识结构、能力、才干是接受教育的结果，一个人的受教育水平将会直接影响到这个人之后的职业方向与是否能够选择自己喜欢的职业。

2. 价值观

个人的价值观直接影响职业生涯的发展。每个人面对同样的工作都会存在不同的态度与看法，即价值观，进而决定是否选择。在择业时，不同年龄段和阅历的人，会针对自己的主客观条件进行选择和调整，每个人都不尽相同。

3. 性格

不同的人拥有不同的性格，而不同的性格将会对人的职业规划选择和未来的职业发展造成较大程度的影响。一个人性格主要取决于他的生长环境，人们只有从事与自己性格相符的工作，才能充分展现自己的才华，全心全意地投入到工作之中，进而实现自我价值。

4. 身心健康状况

大学生在对自己的未来职业进行规划的时候，不仅要考虑到自己的专业和能力，身心健康情况也是非常重要的一方面因素。身心健康是工作的最基本前提，直接影响到个人的职业生涯发展，几乎每个职业都需要健康的身心，这是走向职业成功的一个基本条件。当然，在职业的发展过程中，身体健康是充分条件，但并不是必要条件，如果一个人有坚定的信念和充足的能力，照样也可以完成伟大的事业，最具代表性的人物就是霍金、张海迪、海伦凯勒等，他们虽然在健康因素中与常人相比稍逊一筹，但他们的事业与健康的人相比毫不逊色，甚至更高一筹。

5. 机遇

一般而言，机遇会在很大程度上影响到一个人的职业生涯的发展，其具有偶然性，但有时候却能起到至关重要的作用，很有可能改变人的一生。然而，机会总是留给有准备的人，也就是说，机会出现时，有准备的人更容易掌握主动权。

6. 社会环境

社会环境也是影响职业生涯的主要因素。社会的经济形式、就业形势、文化与习俗等决定了社会岗位的数量与结构，直接影响到人们的价值观以及对职业的基本看法。

（三）大学生职业生涯规划的原则

大学生在制定职业生涯规划的时候，要选择正确的方式，而且还需要基于自己所具有的专业知识能力，这样，在之后的职业发展当中，所有的努力都能够事半功倍。但是需要注意的事，如果采取不正确的职业生涯规划方式，就会导致职业生涯受到影响。一般而言，正确制定大学生职业生涯规划，应当遵循以下几个原则：

1. 可行性原则

在进行职业生涯规划的时候，要坚持客观事实，并且考虑自身特点以及企业与社会的需要进行制定，使得制定的职业生涯规划能够切实可靠的实行。

2. 具体性原则

由于每个人所处的职业发展阶段不同，在能力、职业发展愿望等特点上存在差异，因此，每个人都应该制定符合自身职业发展的规划，应做到具体可行，而不是照搬他人。

3. 目标性原则

目标是指在一定时间内达到具有一定规模的期望值。正确的职业生涯必须以职业目标作为导向，以目标来促进行动，引领未来。

4. 阶段性原则

个人进行职业生涯设计时，要充分考虑自身所处的不同阶段，结合自身状况以及外界因素有计划、有目的、有步骤地调整安排各个阶段的职业生涯规划。

5. 长期性原则

高校大学生在进行适合自己的职业生涯规划的时候，需要明确的是，要着眼于未来，选择适合自己追求的人生目标作为职业生涯规划的重中之重。对自己进行的职业生涯规划，应当是考虑到自己人生未来发展过程当中的每一个阶段，在不断发展当中，及时对自己的职业生涯规划进行适当的补充与调整，最终完美实现自己的职业生涯规划目标。

（四）大学生职业生涯规划的误区

大学生们经历了高考和填报志愿，在填报志愿的时候，其实就已经做出了职业生涯中一个重要的决策，因为所填报的志愿在很大程度上将决定大学四年的专业学习。职业生涯规划中存在许多的误区，这些误区还普遍存在于人群之中。

1. 职业生涯规划可有可无

对于大部分的高校大学生来说，很少有正确意识到职业生涯规划的重要性的。甚至于很多大学生都没有进行正确的职业生涯规划，并没有认真考虑过自身未来发展的职业前景，在日常生活学习当中得过且过。还有部分大学生认为，现阶段进行职业生涯规划还太早，自身尚且处于学习发展阶段，并不想过早地划定自己未来的职业发展目标。但是需要注意的是，这些想法最终会导致个人在学习上没有准确的目的，从而荒废了自身在大学学习期间的时光，错过了提升自身修养与专业知识技能的最好时机。

2. 职业生涯规划是毕业生的主要任务

根据了解，很多高校大学生都认为，职业生涯规划只需要毕业生进行，在大学的前三年，并不需要为其付出精力，毕竟，时代在不断地发展，将来可能会发生各种变化，职业生涯规划可能会不适应未来的时代变化，但是需要注意的是，这种想法是错误的。如果不在刚进入大学的时候，就确定自己未来的职业发展目标，并逐步完成属于自己的职业发展规划，到毕业的时候，面临就业问题时，就会无所适从。因为没有一个完整的职业生涯规划，在大学学习期间，很难系统地提升自己的专业知识水平与个人的技能，这会导致毕业生在进行就业时不知所措。

另外，伴随着就业形势的不断严峻，已经有部分大学生意识到，从大一开始进行职业生涯规划的工作是比较重要的。进行职业生涯规划不仅能够确定自己的未来职业发展目标，还能够引导自己沿着符合这一目标的发展路线进行努力。而且进行职业生涯规划，还有助于拓展自己的职业素养。但是需要注意的是，因为很多高校并没有开展系统的职业生涯规划的指导工作，导致很多学生并没有在一入学就开展符合自身的科学的职业生涯规划。

3. 职业生涯规划中的自我定位不准

很多大学生没有开展职业生涯规划的原因是没有正确地认识自己，没有深入了解自己的理想与想要达成的目标。所以说，这大学生在制定属于自己的职业生涯规划的时候，首先要依据现实，对自己进行全面及深入的分析了解，首先要确定自己未来的职业发展方向；之后再确定自己未来期望的职业发展的地点；其次，明确自身将来想要在社会上占据什么样的位置；最后，在完成这一目标的过程当中，做到心平气和。由此，不仅能够防止在未来的就业过程当中浪费自身的价值，也能够防止未来因为自身的期待值过高而出现就业困难的情况。

4. 把就业、职业与事业混为一谈

现阶段的很多高校大学生都不能正确认识到职业生涯规划当中涉及的动态性与阶段性，即完全不考虑自身的情况，只顾盲目跟风，甚至于急于求成，最终功亏一篑。还有部分大学生将就业与职业和事业混为一谈，认为就业就等于职业，甚至于将就业与自己一生的事业等同。这种想法是不正确的，也就导致这些大学生在就业问题上瞻前顾后，这样不仅会影响到毕业时的就业，也会影响到自身对于长远的职业生涯的规划，更不用说自己的事业发展。一般而言，人生的职业主要分为三个层次：第一个层次指的是就业，在这一阶段主要是为了保证生存；第二个层次指的是职业，在这一阶段，主要从事一些比较稳定的工作，从而能够保证自身的基本的物质需求；第三个层次指的是事业，这里是指当事人不仅能够满足自身的物质生活需要，也能够满足自身的精神文化需求。而且需要注意的是，这三个层次是逐步推进的，并不能一蹴而就。

（五）大学生职业生涯规划的步骤

大学生职业生涯规划的步骤如图 6-1-2 所示。

```
                    ┌──────────┐
                    │  确定志向  │
                    └──────────┘
            │                        │
            ▼                        ▼
      ┌──────────┐            ┌──────────┐
      │  自我评估  │            │  职业生涯  │
      │          │            │  机会评估  │
      └──────────┘            └──────────┘
            │                        │
            ▼                        ▼
    ┌────────────┐          ┌────────────┐
    │ 兴趣  性格   │          │ 环境需要     │
    │ 技能  价值观 │          │ 环境变化规律  │
    │            │          │ 环境与自己   │
    └────────────┘          └────────────┘

               ┌──────────┐
               │ 职业生涯   │
               │ 目标选择   │
               └──────────┘
            ▼                    ▼
      ┌──────────┐        ┌──────────┐
      │  职业选择  │        │  职业生涯  │
      │          │        │  路线选择  │
      └──────────┘        └──────────┘
               ┌──────────┐
               │ 行动计划   │
               │ 与实施    │
               └──────────┘
                    ▼
               ┌──────────┐
               │ 评估与反馈  │
               └──────────┘
```

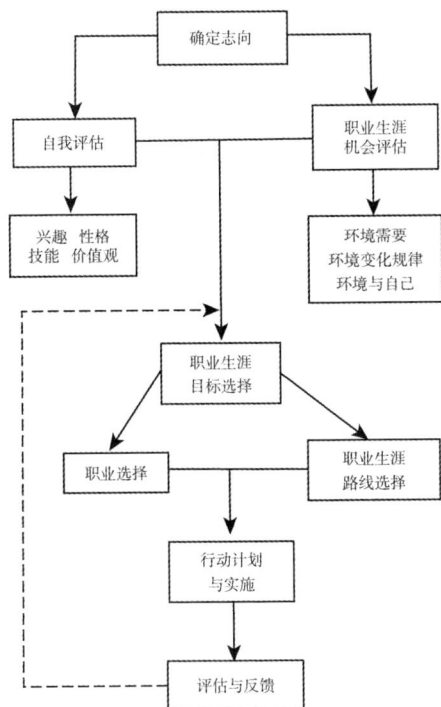

图 6-1-2　大学生职业生涯规划的步骤

1. 确定志向

很多时候，如果一个人想要获得巨大的成功，就需要有梦想，梦想能为这个人确定发展的目标带来人生的希望。需要注意的是，这里所说的梦想主要是指一个人的志向。而且志向也分很多种类，其中，职业志向就是指一个人立志所要从事的职业，指的是这个人为自己职业所选择的方向。

志向是一个人事业的发展方向，只有在确定了志向之后，才能够以此方向付出自己的努力，从而创造出属于自己的精彩的人生，如果没有志向，一个人未来事业的发展，就会如同无头苍蝇很难获得成功。作为人未来发展的起点，立志这件事本身就反映着一个人自身的理想、胸怀与价值观，深刻影响着一个人未来发展所获得的成就的大小。作为职业生涯中最为关键的一点，在进行职业生涯的选择时，首先必须要确定自己的职业志向。一般情况下，明确自己的职业志向的方法，可以通过对以下三个问题的思考，确定属于自己的答案。

①在自己走向生命的尽头的时候，最希望周围的人给予自己什么样的评价？

②自己最希望未来将会在什么样的领域获得属于自己的成就？

③如果不考虑金钱与时间的掣肘，自身最希望从事的职业是什么？

通过对以上三个问题进行自我问答，深刻思考自己将来最为理想的生活方式，以及想要深入参与的领域和这一领域想要获得的成就，由此就能够大致设想自己将来将会从事的职业。

2. 自我评估

正确地认识自我，能反映一个人身心发展的成熟度。总的来说，只有正确认识自己，才能对自己未来的职业发展方向作出正确的选择，才能够正确地确立自身的职业发展目标，从而确定自己将要发展的职业生涯路径。一般而言，进行自我评估的主要内容，包括个人的兴趣、特长、技能、职业价值观，等等。

（1）职业能力评估

根据自己的职业能力特点，挑选出适合自己的职业，一一列出制成表格。

（2）职业价值观评估

在对职业价值观进行深入了解之后。思考自身将在未来从事的与这一价值观相符合的职业以及自身最为重视职业中的什么方面。

（3）性格类型的评估

通过使用一些测试工具，对照分析自己的性格类型，找出自己最适合的职业。

（4）描述自身的职业兴趣

在对相关理论资料与自身的生活与学习精力进行研究之后明确自身的大致的职业兴趣类型。

3. 职业生涯的机会评估

（1）职业外部环境的了解

对外界的环境进行深入了解，是我们能够适应并利用环境的前提。受限于外部环境的影响，我们在制定属于个人的职业生涯规划的时候，要对周围的环境条件的特点、环境的发展变化、自身与周围环境的关系及所处地位等条件进行深入分析。只有在明晰周围环境带给自身的一切有利因素与不利因素的影响之后，才能够在周围环境的影响之下，确保职业规划的可行性。

外部环境不止包括宏观环境，也包括了微观环境。其中需要注意的是，宏观环境指的是政治环境、社会环境、经济环境等；微观环境则是行业环境、企业环境等。

大学生可利用网络、报纸、杂志、电视媒体、生涯人物访谈等信息，对当前及未来社会环境、职业本身环境等进行分析，把握自己参加工作时的职业生涯机会。

（2）影响职业选择的其他因素分析

职业的选择会影响到一个人未来的发展，如果选择不喜欢的职业，就不能激发个人对于工作的热情，从而导致职业与人生都不尽如人意。所以说，在进行职业方向选择的时候，一定要坚持进行自我评估与自己所坚持的职业方向进行职业生涯机会的评估，并在此基础上，考虑自身的性格、个性、兴趣、爱好等方面因素的影响。

很多时候，基于自身的内在特点进行的职业生涯规划，更能促进自身的职业成功，就比如图 6-1-3 所示，在这幅图当中，最中心的圈表示个人的内在世界，包括人格特征、兴趣爱好、能力特长、需求价值观等；外圈表示外在的职业世界，包括职业所需特质、职业分类的内容、职业所需能力、各类职业报酬等。

图 6-1-3　生涯要素内外协调图

4.职业生涯目标和路线规划

（1）职业生涯目标规划

如果不能确定自身未来发展的目标，也就没有为了这一目标而不断奋斗的动力。很多时候，一个人在自己所选择的职业上获得的成功与失败，关键的一点就是有没有选择适合自己的正确的职业目标。如果一个人在自己的职业生涯当中没有明确的目标，就会在未来的发展当中逐渐迷茫，找不到方向。只有明确自身的职业发展目标，才能够确立自身的奋斗方向，这就像行驶于大海中的孤舟，奋力地向着远方的灯塔前进，灯塔会引领着有明确职业目标的自己，避开各种礁石带来的危险，最终走向成功。

首先是确定职业生涯目标。对于一个人来说，确定怎样的职业发展目标，就决定了自己将来将会担任什么样的职业角色，将会成为怎样的人。

其次是职业生涯目标的层次。一般情况下，我们会将职业生涯目标分为四个层次如图6-1-4所示。

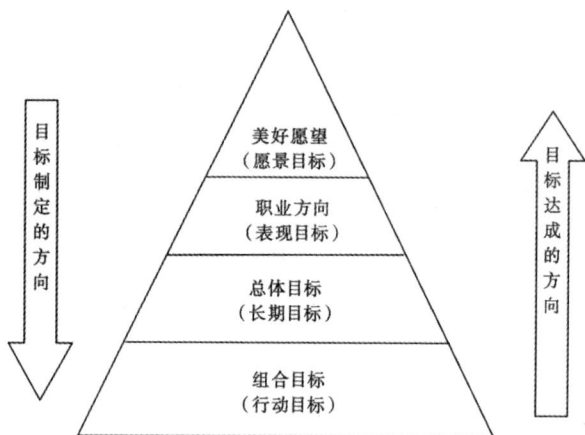

图 6-1-4　目标的四个层次示意图

其中第一个层次指的是愿景目标，主要就是指一个人在内心深处，对于未来的向往，就比如自己将来想要从事什么样的职业，想要成为什么样的人，等等。第二个层次指的是表现目标，主要是指一个人的职业方向，就比如说自己对于自身在这一职业的发展当中将要达到什么样的职位、获得什么职称，等等。第三个层次指的是长期目标，在这一层次当中，主要是指一个人对于自身发展的总体目标的确定，就比如说自身对于未来五年到十年这一阶段的发展目标。最后一个层次指的是行动目标，主要就是指在短时间内自身能够实行的组合目标。

对于目标的确定要以终为始，首先要确定自身的愿景目标，之后再确定表现目标，最后确定长期目标与行动目标。而且自身对于目标的处理，应当是先完成近的目标，再完成远期的目标。

再者是职业生涯目标分解。目标必须经过分解才能更加清晰和便于实现。各种职业目标间关系往往纷繁复杂，甚至是相互矛盾的。因此，理清各职业目标之间的关系，对其分解组合十分必要。职业生涯目标分解如图 6-1-5 所示。

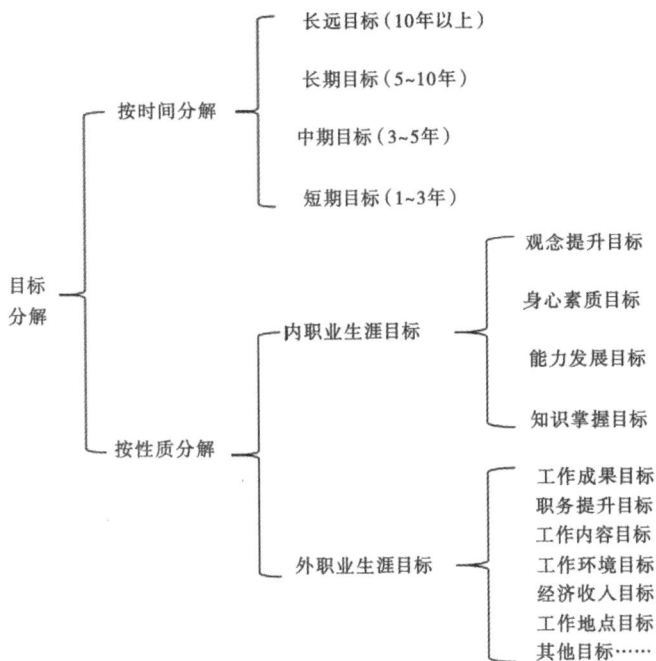

图 6-1-5　目标分解简图

目标组合是指找出目标间内在的逻辑关系，然后将各个目标按内在逻辑关系组合起来的过程。这有助于我们理清不同目标的关系，有步骤有计划地加以实施。职业生涯规划中要思考先完成什么目标，后完成什么目标，以什么目标为主，以什么目标为辅。

四是目标确立的 SMART 原则。SMART 原则是英文单词 specific（明确的）、measurable（可量化的）、achievable（可以达到的）、rewarding（有一定价值的）、time-bound（有时间限制的）的首字母缩写。

其中"S"代表着具体且明确，指的是只对特定的目标进行陈述并且在之后的论述只集中于这一目标。同时，这个指导原则也要求你非常慎重，并且尽可能地具体明确。例如，你可以说你的目标是要装修房间，但是"装修"到底是什么呢？是刷漆、修缮、重新布局、买新家具、换墙纸、打扫卫生？是所有的一切，还是其中的某项或是别的什么事情呢？如果不能够在一段时间之内对某一个目标进行集中处理，与此同时甚至于还在处理多个目标，就会在期限结束的时候发现自身一个目标都没有完成。

"M"表示能够被量化，指的是能够将自身的目标通过数字衡量的方式进行表达，由此就能够避免各种模糊的表达。就比如，仅仅说"我会更加努力地打好网球比赛"或是"我的目标是更好地利用时间"是远远不够的。你怎样衡量"更加努力"和"更好利用时间"呢？你需要用一种可以衡量的方式来表达自己的目标，即"我的目标是在下个星期二晚上 11 点之前完成 11 页实验报告"。在下个星期二的时候就能能够明晰自身是否实现了订立的目标，这是因为在最开始的时候就设置了能够测量的单位保证对最终的结构进行测量。通过设立一个表示成功或失败的标准，就能够对自身的目标完成情况进行准确的评价。然后就可以把当前的目标保持下去，或是对部分目标进行调整，如果认为有必要，也可以把它彻底放弃。

"A"代表可达成的，是指就个人能力而言，目标是可以实现的。例如，一位 50 多岁、体重 200 斤、过着安定生活的人，突然试图实现一个两周内用 4 分钟跑完 5 公里的目标，这个目标显然是不现实的。

"R"代表有一定意义和价值的，主要是指所设定的这一目标应当是对任何人都没有负面作用的，并且还需要有助于个人与社会的进步。例如，希特勒在 1930—1940 年完成了他人生的大部分战争目标，但这些目标并不具有价值和意义。

"T"代表有时间限制的，是指确定的目标应该是有具体计划时间范围的。只有设定了时间范围，才可以评估目标完成的情况，否则就会形成"明日复明日，明日何其多"的局面，最终导致在职业生涯中找不到成就感。

五是树立个人的职业生涯目标。如表 6-1-2 所示大学生可以依据其时间确定自己的生涯成长目标。

表 6-1-2　我的生涯成长目标

时间	学习、工作目标
大一	
大二	
大三	
大四	
毕业后第一年	
毕业后第二年	
毕业后第三年	

（2）职业路线规划

虽然说成功的道路不止一条，但是在选定了职业目标之后，应当坚持自己所选择的路径。一般而言，在跨国公司人才培养体系当中，经常会为员工提供适合自身职业发展的路径。然而，如果自己所在的组织当中没有合适的路径可供参考，就需要自己进行设计。例如在未来的职业发展过程当中，是朝着管理方向发展，还是朝着专业技术的方向发展；又或者是先向专业技术方向发展之后再转向管理路径。很多时候，因为发展路线的不同，相关的工作与生活方式也不同。而且在不同的生涯路线当中，还存在着各种各样的职业生涯形式。所以说，不同年龄段的设置，以及在各年龄段所要实现的目标等，都能够根据自己的需要进行变化，从而得到不同的结果。总而言之，在进行职业规划的过程当中，设计路径与选择路径是重中之重。

5. 制订行动计划与措施

在已经确定了自身的职业目标与路径之后，行动就成了最为关键的内容。作为最关键的内容的行动，主要是指在自身已经确定了的职业生涯当中，能够落实相关目标的各种措施，这些措施主要包括工作、训练、教育等。就比如，在工作当中，为了达到自身所订立的职业目标，应当采取什么样的措施，从而提升自身的工作效率；又或者是在业务素质方面，应当学习哪些知识与技能，从而提高自身的业务能力，等等。

（1）在大学的不同时期确定不同的职业生涯规划

一般而言，在校大学生对于自身的职业生涯规划的实施时间有着四个阶段，分别是大一的试探期。大二的定向期，大三的拼搏期与大四的冲刺期。这些职业生涯规划的目标与需要完成的内容因为学生所处的不同时期与阶段也会有着不同。

（2）目标与任务及规划

①经过上述各阶段的评估分析，可以判定一个职业方向（或目标）对自己的适合程度。现在需要做的是分析自己要达成这一职业理想，现阶段已经具备的所有的条件与还未具备的条件，并确定合适的提升措施。

②作出每学年的基本规划。在每个学年的末尾不但要总结这一个学年以来的计划执行的情况，还需要在此基础上制定未来一个学年的规划。

6.定期评估与反馈

现阶段我们所处的时代是一个飞速发展的时代，所以有关计划需要根据各种突然的变化进行相应的调整。随着时代的发展。会有着各种各样的因素影响着职业生涯的规划，在这之中有一些影响因素是能够被预测的，但是还有一些影响因素并不能被预测到。在这种情况之下，如果想要有效推行自己的职业生涯规划就需要不断针对变化的世界对自己的职业生涯规划进行评估与修订。

第二节　毕业生就业指导工作

一、毕业生就业指导工作问题研究

现阶段的市场竞争逐渐变得激烈，人才竞争也如火如荼，对于各大高校来说，如果想要全面提升自己的毕业生的就业率就需要并加强自己对于就业指导的问题的重视。现阶段在高校的就业指导中较为常见的就业指导模式主要有以下几种，分别是全程化职业指导路径、个性化职业指导机制、以人为本职业指导理念，等等。进行高校就业指导工作的教师能够根据学生自身的实际的学习情况与就业需求选择一个合适的就业指导模式，为需要就业指导的学生开展就业指导工作。但是需要注意的是，现阶段的很多高校的毕业生就业指导的过程中依然面临着种种问题，其中较为严重的问题甚至会严重地影响高校毕业生的就业指导工作水平的全面提升。所以说，高校需要重点加强对于毕业生们的就业指导工作的深入研究，不断探索相关的能够提升高校就业指导工作的效率与质量的路径。

（一）毕业生就业指导工作存在的主要问题

1. 指导观念较为落后

在当今时代的高校的就业指导过程中，进行就业指导相关工作的教师会受传统的就业指导模式的影响，并不能在很短的时间内转变自身的思想观念，很难短时间内转变指导观念，所以在此背景之下，几乎所有的高校就业指导教师都比较倾向于对毕业生进行就业安置。基于这种思想观念，大多数的高校的就业指导的最终目标就是将毕业生成功的送出校园，只是盲目的追求短时间内的高校的毕业生的就业情况，只是追求就业量，并不重视应届毕业生的实际的就业情况，这就在一定程度上提高了高校毕业生的失业率。现阶段的很多的高校的毕业生就是先选择的就业，在积累了一定的工作经验之后再选择根据自身的期望进行择业。通常来讲，这种不顾及后果的就业结果会在一定程度上提高高校的毕业生的就业成功率，但是因为高校应届毕业生工作能力较差并不能够在企业或者单位中长久的工作，大多数离开这份工作，这就导致一部分高校毕业生频繁地失业，也在一定程度上加速了用人企业与单位的人才流失。在招收毕业生的时候，用人企业与单位会付出一定程度上的财力与人力、物力等，这就导致在人才流失之后，用人单位与企业或遭受一定程度上的损失。基于此就有相关的用人单位要求高校必须采取相应的措施改变现有的一味追求成功率，丝毫不考虑毕业生是否专业对口的问题，总而言之，就是需要解决在就业指导的过程中对于就业的定位存在着偏差的问题。

2. 指导形式单一

传统意义上的高校的就业指导主要就是通过高校统一组织所开展的就业动员会，在动员会上可以成规模地向毕业生灌输适合的就业指导知识，也可以通过教师根据当前的就业形势提出问题，并由毕业生完成对应的就业形势报告，在之后召集学生们开展大型的就业形势报告会。在前面所提到的就业指导知识的灌输过程中的一个主要的目的就是让学生能够对这个时期的就业形势有一个大体的了解，但是需要注意的是，在此过程中并没有根据每位同学的学习情况、就业倾向等因素进行个性化的科学指导。甚至于很多高校都没有给高校的毕业生提供专门的就业指导咨询机构进行专门的就业指导，这就使得现阶段高校提供的就业指导难以为学生的就业提供帮助。除此之外，在进入社会之后，学生很难进行合适的择业选择，最终甚至会导致自身出现心理问题，这个时候就必须由就业指导教师为学生提供个性化的咨询与指导。

3. 指导内容更新较慢

在现阶段所推行的就业指导课程中，就业指导教师所进行的指导工作仅仅面向高校的应届毕业生，而且，咨询工作的开展时间也仅限于双选期间。

在进行就业指导的过程中，指导教师主要对学生进行现阶段的就业形势的引导，使学生能够有所了解，并对就业的形式进行了专业程度上的分析与介绍，不仅如此，就业指导教师还对参与就业指导的学生进行了求职技能培训、规定的诠释、就业政策等方面的指导与培训。但是需要注意的是，高校并没有对就业指导的工作进行统一、全面且科学的安排，这就导致高校的就业指导工作缺乏全局性，进行就业指导的内容也不能适应时代的发展，使得高校的就业指导不具有实用性与时效性，并不能成功对学生进行就业指导。需要注意的是，高校的就业指导有着较强的局限性，在进行就业指导的过程中，相关教师并没有对学生进行关于职业道德、择业能力等方面的正确引导，这就导致高校的就业指导不具有有效性。而且，在进行就业指导的过程中，高校并没有根据学生的兴趣、爱好、学习成绩、目标方向等进行统一的就业指导，这就导致高校就业指导呈现出程序化的特征不具有人性化，最终使得高校的就业指导处于一种可有可无的境地。

4. 队伍专业水平较低

在高校进行就业指导的过程中，很多高校仅仅是为了节省教育经费就没有给学生聘请专业的就业指导教师，仅仅是由学校的其他教师进行兼任。但是这些教师并没有接受过专业的就业指导体系教育，没有相关能力，这就导致高校毕业生并不能接受高效且专业的就业指导。如果高校的就业指导不能够全面发挥就业指导的工作就会使其形同虚设，甚至于还会引起相当一部分毕业生的反感。除此之外，进行就业指导兼职的教师不仅要进行就业指导工作还需要完成自身的教学任务，这就使得到部分的教师并不重视就业指导的工作。因为高校的兼职的就业指导教师并没有接受过相关的培训，这就导致教师之间的就业指导水平参差不齐，严重影响了高校就业指导的开展。如果想要全面提升自己的就业指导效率与水平就需要提高对于就业指导教师的重视，通过资金引入高素质、高水平的专业的就业指导教师，全面加强高校的就业指导队伍的建设。

（二）毕业生就业指导工作存在的主要问题成因

关于毕业生就业指导工作存在的问题是多方面的，在之后主要从高校机构设置、高校师资队伍、高校对职业指导的认识、课程开设与经费投入等方面进行研究探讨。

1. 机构设置不合理

现阶段的很多高校只是设置有校级的就业指导中心，甚至有些高校的就业指导中心并不是独立的，是与招生办公室合署的，名称为招生就业办公室，将对于学生的就业指导设置为一项学校的日常管理工作，主要做的就是一些事务性的工作。总的来说，这些机构中的工作人员很少，而且与庞大的学生数量相比，比例处于严重失调的范畴。开展"就业安置"的事务性工作就已经让高校的就业指导工作人员疲于应付，从而导致很多的就业指导工作只能够流于表面并不能深入进行，最终使得就业指导工作无论是深度还是广度都难以实现，使得高校毕业生的就业结果不尽如人意。

2. 师资队伍专业化水平不高

需要注意的是，现阶段我国的职业指导教师队伍的成员组成复杂，毕竟在我国还没有设立相关的职业指导专业，这就导致就业指导行业的从业者大多数都是行政管理的人员，并且这些人都不能够及时参加本专业的系统培训，最终导致相关从业人员自身的专业化的程度不合要求。还有一方面的原因是这些从业的人自身的学历水平并不一致，很少有高学历的人才从事高校就业指导的工作。最后一点就是就业指导工作繁重。最为突出的一点就是在高校进行扩招之后，因为学生众多，导致高校的就业指导教师只能够高负荷地进行工作，很少有足够的时间进行本专业相关的理论研究，不利于提升自身的专业水平。所以说，相关的从业人员自身的专业水平不高也是导致高校的毕业生不能够接受良好的就业指导的重要原因。

3. 职业指导课程开设不规范

长时间以来，高校将自身的教学工作与科研工作看作是教学的重点，并没有严格重视能够帮助高校毕业生更好进行就业的就业指导工作。很多高校并不能正确看待职业指导与教学等工作之间的关系，对于职业指导相关的工作很多时候依靠的是人治或者行政命令，甚至于是因人而异地进行弹性管理。很多时候，对于职业指导的工作仅仅停留在进行就业政策宣传、就业信息发布、举办校园招聘会等与就业相关的琐碎事务上。就因如此，高校的职业指导课程并不规范，严重影响了职业指导促进毕业生正常就业这一功能的发挥。

值得注意的是，大多数高校对于自身的就业工作的专项经费都没有达到教育部所规定的比例，没有严格落实教育部所规定的"三到位"，而且，也没有对地方的经济发展与人才需求变化的趋势进行了解，甚至于很多高校所开展的职业指导工作本身就不具备有效性和针对性，以上种种都是现阶段造成高校毕业生的职业指导实践存在不足之处的原因。

（三）促进高校毕业生就业指导的对策及建议

高校开展的职业指导的范围应当主要包括大学生就业、就业稳定、职业发展等方面为学生提供合适的指导与帮助，为其确定相关的目标。而且，对于现阶段高校中出现的毕业生职业指导相关的问题进行深入了解，并对相关问题进行改善，使得高校的职业指导能够真正起到促进毕业生更好地就业。为此，主要有以下几条措施：

1. 改进职业指导机构的设置

为了更好地帮助高校毕业生就业，高校在进行职业指导的相关机构的设立时需要注意建立"校、院（系）两级结合"的专门负责进行职业指导的组织机构。而且需要明确的是建设完成后的此机构需要校长进行负责，还要成立"校级职工指导工作委员会"，并设立"院（系）职业指导工作办公室"。

除此之外，还需要注意设立"校、院（系）"两级专门的职业指导组作为相应的职能机构，并且由专门的人进行负责，并有专业的教师对学生进行系统性的职业指导。需要注意的是，在校级层面上可以开展的具体工作主要有以下几点：

第一点，校级层面的职业指导办公室需要对全校的大学生的职业指导工作进行规划；第二点，需要负责全校的应届毕业生的就业市场的建设；第三点，负责对全校的大学生的职业指导的教学与相关活动的组织与计划；第四点，以学校的名义在全校各院（系）开展职业指导工作相关的工作，并注意贯彻落实。至于在院（系）级层面上进行的相关工作主要有以下几部分：首先是对本院（系）的与大学生相关的职业指导工作进行相关计划的制订与之后的实施；其次是为本院（系）的学生提供合适的职业指导，为其提供咨询服务与个性化的就业指导服务；最后是需要根据现阶段的每个专业自身的特色为本院（系）的大学生提供合适的职业指导服务。

2. 加强职业指导师资队伍的建设

针对高校的职业指导队伍的建设，现阶段的很多高校都决定建立一个以就业指导中心为主体，专业就业指导的教师与相关工作人员、辅导员队伍等进行密切配合的就业指导体系。要想实现这一目标，首先需要对职业指导人员进行业务上的培训，并在不断加大训练力度的情况之下，尽快提升自身的职业道德水平与专业工作能力，最终满足学生对于职业指导的日益增长的需求，造就一支具有高素质的职业化、专业化的工作队伍。除此之外，还需要注意的一点事，可以将在高校的教育教学的管理过程中所使用的激励考核机制融入该队伍建设汇总，还可以吸引众多的有着教育学、心理学、管理学等专业知识的人才进入职业指导的教师队伍中，为职业指导队伍进行相关的实施办法与考核细则的制定，需要明确自身的责任制度，完善自身的奖励机制，最终可以有效促进就业指导队伍在建设过程中逐渐实现规范化、科学化的发展。

除此之外，还需要注意的是，可以邀请社会上的知名的专家学者等类型的人才参与就业指导的教学的兼职队伍中，由此就能够有效解决职业的就业指导人员数量不足的问题。摒弃，只有这样才能够促进就业指导工作就能够更好地满足自身的服务需要，由此才能够更好地获得相应的成效。但是还需要注意的是，高校的就业指导师资队伍的一般构成情况主要可以分为以下五部分：

①就业办的专职教师，其本身是职业指导教师、心理咨询师。

②院系党总支书记其本身是副教授，高级政工师。

③学生工作辅导员其本身是教师，技师。

④企业代表其本身是人力资源专家，公司负责人。

⑤社会人士其本身是专家学者，职业顾问。

3. 构建大学生职业指导工作体系

需要注意的是对于高校来说，大学生的职业指导本身就是一项功能性十分强悍的工作。但是这项工作的一个特点就是必须按照职业本身的指导工作的全能性与系统性，并且这种指导并不是在学生毕业之前进行的临时辅导，而是需要贯彻于大学生的整个大学生涯，在此期间引导学生不断培养自身的职业意识、职业心理、职业行为直至其逐渐发展成熟。另外，还需要注意的是，构建一个合理化的职业指导课程体系。需要注意的是，开展职业指导教育的最终目的就是改变传统的人才培养模式，重视学生的个性培养，在时代认可的前提之下，根据时代的要求，使得学生能够认真规划自身的职业生涯，最终达到全面发展的目的。

构建大学生职业指导工作体系并不只是存在于理论上，还需要进行具体的操作，就比如将告知院校作为例子，对于不同的年级的学生来说，所接受的职业指导教育就应当是有所偏重的。在大一的学生刚入校的时候就可以根据学生自身对于职业的倾向进行相关的调整。学生还需要及时做好相关的学习计划与职业规划，自身需要掌握职业生涯发展的主动权。在大二的时候就需要多对相关的国家职业资格证书制度进行了解，积极考取各种证书，提高自身的职业能力。在大三的时候可以根据学生的职业指导中的方向进行相关的实训，建立起牢固的质量意识、责任意识、诚信意识，还需要学习了解与就业政策相关的法律法规。在对就业准备进行培训的方面需要注意可以多参加模拟面试，积极寻找求职途径，参加各种招聘会，最终成功实现就业。

4. 拓展实习基地

国家可以鼓励一些见习单位优先录用见习高校毕业生，在见习期间的基本的生活补助可以由见习单位与地方政府提供。如此，就能够拓展一些具有责任感，能够供给高校毕业生进行实习的用人单位作为见习基地。并且，人力资源部门也需要根据高校毕业生的需要为其提供合适的职业技能鉴定服务，不止如此，高校还需要为其提供配合，牢牢把握住政策的实时动向，有效促进高校毕业生的就业。

为了能够提升高校毕业生的就业能力，高校可以开展能够促进就业的实习实践活动，及时完善与高校毕业生相关的见习制度，保证高校毕业生能够在离校之前都可以参加实习实践活动。不止如此，还需要加强对高校毕业生的就业培训，建立起毕业证书与职业资格证书的双证书制度，使得相关毕业生能够在通过职业技能鉴定之后获得相应的职业资格证书。

5. 开展创业培训，支持大学生自主创业

伴随着高校毕业生的就业形势逐渐变得严峻，在创业教育逐渐成为现阶段的高校职业指导工作的一部分，还是能够促进高校毕业生就业的职业指导工作中最重要的一部分内容。鼓励大学生进行创业是现阶段我国缓解社会整体就业压力的一条重要途径，在进行创业教育的时候，极为重视对于学生的创业素质与创业能力的培养，积极开展对创业者潜能的开发，指导和帮助其进行创业实体的开办，最终实现成功创业。

逐步加强对于高校的毕业生的创业指导服务，为其提供与创业相关的政策咨询、项目开发、创业培训、小额贷款等服务，最终建立起一批投资小、见效快的大学生创业园与创业孵化基地，为其提供一定程度上的政策扶持。与此同时，还需要注意为创业者提供整个创业期间的所有服务。

6. 加强职业指导的理论研究

在国外，职业指导工作已经发展了近百年，由此还形成了很多的理论流派，就比如人职匹配理论、职业发展理论、心理动力理论、行为理论，等等。但我国因为受到了诸多因素的影响，关于职业指导的研究开展的时间较晚，从而导致相关的学科发展缓慢。对于现阶段我国高校在职业指导理论上存在的不足，高校在进行职业指导的工作的时候需要架起那个相关的研究，并且还需要提供相关的资金支持与政策支持，就比如可以设立与职业指导理论相关的研究专项项目等。在对国外的职业指导理论的时候需要与本国的实际情况进行结合，最终发展出适合本土的职业指导理论，最终提升我国的职业指导理论的水平。另外，安排开展职业指导教育的教师与相关工作人员根据自身的工作实际开展有关课题的研究，在进行研究的时候需要注意院校之间的差异，从而研究出能够适合不同高校的职业指导方法。在对职业指导理论进行深入研究之后就能够将相关理论转化为能够进行操作的指导技术，最终能够更好地为高校毕业生提供职业指导。

总而言之，对高校毕业生开展的职业指导工作是一个系统性的工程，需要从多个方面对其进行改进与完善。就比如，需要对其进行多方面的改进与完善、对相关机构的设置进行改进完善，还需要对现阶段的职业指导的师资队伍建设进行加强，不止如此，还需要构建合适的大学生职业指导工作体系，利用相关的政策优势加强实习见习，提高毕业生的就业能力。鼓励与支持毕业生自主创业，对职业指导相关的理论进行探索与研究。与此同时还需要加强对高校毕业生的就业工作的组织领导，将高校毕业生的就业指导工作作为现阶段的高校发展的总体规划内容，对所有的目标任务进行统筹安排，不但要加强对于工作的考核与审查还需要落实责任。开展大规模的就业指导工作的宣传，通过各种方法促进高校毕业生的就业，确保社会稳定。

二、毕业生就业指导工作者的基本素质

在帮助高校毕业生进行就业指导的过程中，相关工作人员的素质高低就在一定程度上显示了对相关毕业生就业的积极促进程度，所以说，高校职业指导人员应当具备以下的素质：

（一）就业指导工作者的政治素质

首先应当在思想、道德、作风等方面为学生做表率，相关工作人员应当自觉遵守国家的各项法律法规，在国家政策的指引下指导高校毕业生就业。另外，还需要有较高的思想觉悟，为人乐于奉献，作风正派，在高校毕业生进行咨询的时候能够耐心细致地为其提供职业定位。

（二）就业指导工作者的职业道德素质

1. 热爱本职工作，是做好职业指导工作的基本前提

高校的职业指导工作人员应当坚持一个积极主动的工作态度，将全身心投入为学生服务的就业指导工作中去。

2. 以学生为本，尊重服务他们

总的来说，职业指导的工作是一份帮助他人的工作，为高校毕业生服务，为

其实现自身职业生涯的发展的目标。

3. 尊重差异，不歧视服务学生

职业指导人员应当尊重不同的人之间的差异，不能够因为这些差异对服务对象进行歧视。就比如在涉及引导大学生进行就业观念的改变的时候就需要根据长远的角度对其进行影响，但是有些时候，部分大学生会急于求成，但是现阶段的很多岗位都没有他们想象中的理想，这就需要职业指导的相关工作人员帮助这些学生先进行就业。这就是尊重差异。

4. 尊重隐私，保守秘密

职业指导的工作人员在想用人单位介绍毕业生的相关信息的时候需要如实进行宣传，不能够因为某些私心对一些客观上存在的问题进行隐瞒。

除此之外，在进行毕业生推荐的过程中，相关的工作人员需要保证秉公办事，绝对不能进行隐瞒，进行择优推荐，为所有的学生营建一个公平的竞争环境。

（三）就业指导工作者的文化素质

值得注意的是，高校的就业指导工作人员需要具备多方面的专业知识，在对高校的毕业生进行就业指导的过程中，因为涉及的方向比较多，这就对了相关工作者的知识结构有着系统性的要求。并且，要积极引导学生树立起健康、正确的就业观念，其一是了解所选的职业，其二是了解自己的能力。另外，根据就业相关的政策法规的影响，应当积极了解相关的就业政策，正确掌握与就业发展相关的指导思想与理论。最后，要掌握丰富的就业求职技巧，由此就能够更好地帮助学生了解求职过程中的各种关键步骤的做法。不止如此，还需要掌握与心理咨询、管理学等学科相关的知识，为学生提供全方位的就业服务指导。并且，为了使更多的学生受益就需要专业的职业指导人员终身进行专业知识的学习。

（四）就业指导工作者的业务素质

1. 咨询与指导能力

就业指导人员最基础的任务是为高校毕业生提供细致的职业咨询与指导服务。一般情况下，对于就业指导工作相关的从业者来说，在从事职业指导咨询的工作的时候，需要具备下面两个方面的技能：首先是对毕业生进行指导，在接受毕业生提交的咨询请求之后，对其进行现阶段就业形势政策、面试方法技巧等方面的就业指导。其次是对用人方面进行用人方面的指导，主要是为用人单位进行用人招聘方式及用人等方面的建议。

2. 获取信息和处理信息的能力

就业指导工作者应当建立起行之有效的信息收集与发布的途径，从而能够及时地为毕业生提供就业相关的信息。不仅如此，就业指导工作者还应当利用各种方式为学校进行宣传，通过建立起完善的计算机信息网络，方便毕业生能够在校内专用的计算机上进行求职信息的查询。另外，还需要通过报纸、电视等传统媒体搜集整理就业信息，并将这些信息及时传达给毕业生。还可以直接向用人单位索取招聘信息或者与就业市场进行联系，有效帮助毕业生更好地进行就业。

3. 组织毕业生招聘活动，为毕业生就业架设桥梁的能力

一般采用以下四种方式：首先是校内开启招聘会；其次是学校直接与用人单位进行联系，带领毕业生直接到用人单位进行应聘；再次是由学校组织毕业生参加社会上举办的与毕业生相关的招聘会，或者由学校将毕业生相关信息提供给社会上的毕业生就业服务组织，由这些组织向用人单位进行推荐；最后是由学校组织毕业生参加网络招聘。

三、毕业生就业工作中就业指导的作用

（一）重点就业群体的类型

在高校中有一部分有就业愿望与劳动能力的毕业生在就业过程中处于弱势地位，很多时候他们都没有办法通过自己的努力完成就业，属于重点就业群体，这个时候就需要国家和社会对其进行就业方面的支持与帮助。需要注意的是，在之后所讨论的重点群体主要是指那些就业困难的特定群体。

1. 经济条件差、家庭贫困的就业困难群体

这部分群体当中，有一些是难以支付学费与生活费用的学生，并且，这部分学生及其家庭也没有很好的办法筹集足够的资金。这些学生受限于自己的家庭环境与成长经历，要承受比一般学生更大的经济压力，并且需要注意的是，这部分学生很多都是来自偏远的农村或者是城市中的低收入家庭。为解决这些问题，国

家现在建立了高校家庭经济困难学生资助政策体系，就比如对家庭贫困的学生进行学费减免、勤工助学、国家助学贷款等帮助。但是令人遗憾的是，这些措施并不能有效地帮助众多需要帮助的学生，有很大一部分学习成绩较差的学生，就是家庭贫困的学生，以至于没有办法拿到足够的补助。在进行就业的时候，这些家庭困难的学生与人竞争时一般处于弱势地位，相较于他人会承受更多的心理压力，因为自己身上背负着家庭的希望与生活的责任，会导致自身对工作有着过高的期望。对于学校来说，近年来招收的经济困难的学生数量逐年增加，比例逐年增大。需要注意的是，这些学生在选择就业的时候，并没有足够的人脉与社会关系做支撑，就业的道路比较坎坷，而且家庭困难的学生经济基础也比较薄弱。

2. 学习成绩并不十分理想的困难群体

在就业困难的群体中，有一类是因为自身学习成绩比较差，或是因为不喜欢所学专业、学习习惯不正确、学习能力不强等因素，由此导致这类学生并不被用人单位喜欢，使得这一类学生在就业方面比较困难。因为学习成绩较差，所以拿不到毕业证与学位证的毕业生并不被就业市场青睐，相反，那些学习成绩良好，专业知识技能掌握熟练的毕业生更受欢迎。需要明确的是，这一类就业困难的群体的学生，在就业过程中，处于较为劣势的地位，主要是因为他们专业知识技能与操作能力都不够优秀。

3. 身体缺陷及心理不健康的困难群体

还有一类就业困难的学生群体，是因为自身的身体缺陷或者心理不健康，因为自身在身体上的残缺，导致求职过程中困难重重，由此产生了强烈的悲观情绪，甚至于会有部分的学生走向极端。在严峻的就业形势之下，因为自身的身体缺陷而导致就业困难会激化自身的心理疾病。需要注意的是，一些心理素质比较差的毕业生，在平时的行动与言语上，很容易产生自卑、焦虑等心理问题，也导致这一部分学生在求职的过程中很难展示自身的实力，担心被瞧不起，从而丧失自信。在招聘过程中，部分企业或单位的岗位对应聘者的外貌要求苛刻，有很多综合成绩优秀，但外貌较差的学生会因此失去一些职位。

4. 综合素质能力低的困难群体

有些用人单位会因为自身岗位的需求十分注重应聘者的协作能力、创新能力、语言能力、人际交往能力等，而且还对应聘者的专业知识技能有特定的要求。但是需要注意的是，因为很多学生都没有进入过社会进行历练，很难满足招聘单位的要求，自身的综合素质能力比较低，而且性格内向。在人际交往方面，不但没有很好的表达能力，还经常作出害怕、敏感等不合要求的表现。有些毕业生因为对自己缺乏自信，不敢在择业的时候向用人单位主动推销自己，也不敢与相关招聘人员进行沟通与交流，这就导致这一类群体就业较为困难。

5. 性别歧视的困难群体

还需要注意的是，在就业求职的过程当中，高校女毕业生求职更为困难，不仅求职耗费时间长，能找到的工作薪酬也比较低，相关机会也比较少，甚至于还会在求职过程当中遭遇到性别歧视。之所以出现这方面的问题，是因为对于用人单位来说，女性职工会加重自身的经济负担，毕竟女性在生育期间的奖金、产假工资、生育费用等一系列的支出都由用人单位负责。而且受外界环境的影响，在女性成长过程当中，一直处于弱势地位。在进行就业求职的时候，社会上的很多工作对女性的需求都远远小于男性，甚至于有部分企业明确表示不招收女性职工，这一方面主要出现在理工科专业的大学生就业的时候。

（二）职业指导在促进重点群体就业工作中的作用

1. 指引指导的作用

第一点，建立起一个良好的就业观。在对高校毕业生进行职业指导的过程中，首先要引导其建立起正确的就业观与人才观，使其能够建立正确的职业理想。有效的职业指导能够扭转高校毕业生所存在的各种偏见，在积累了足够的工作经验之后，能够更方便自身进行择业。不仅如此，良好的就业指导还能够帮助学生更好地了解各种就业的途径以及相关职业的具体情况，更好地帮助高校毕业生把握住现阶段的就业形势。

另外，职业指导能够帮助高校毕业生中就业困难的群体提升自身的综合素质，培养其自身的开拓精神。帮助高校毕业生就业困难群体树立起良好的职业理想与职业观，能够更好地在用人单位进行人才招聘的时候使得相关毕业生符合其招聘要求。而且，在进行职业指导的过程中，相关工作人员应对该群体有针对性地进行相关方面的指导，培养其在应聘过程中的主动性，并增强其在现阶段学习的目的性与自觉性。不仅如此，还需要帮助该群体确定属于自己的明确的学习目标，通过培养获得更高水平的专业知识技能，从而能够在之后的求职竞争当中拥有良好的职业道德。

2. 桥梁中介作用

职业指导所起到的桥梁中介作用，就是指将就业困难团体与用人单位进行紧密的联系，从而保障职业信息能够进行有效的传递，更好地帮助该群体进行就业。由职业指导工作者搜集、整理、完善的职业指导信息，能够加强高校毕业生与用人单位之间的联系与沟通，从而使用人单位在获知相关信息之后，能够对自身的招聘计划进行一定程度上的调整，高校毕业生中的就业困难群体，也可以根据相关的职业信息，做好自身的职业生涯规划，并有针对性地提高自身的职业适应能力。由此，职业指导工作者就能够利用各种职业信息有效地帮助用人单位与高校毕业生之间建立起沟通的桥梁，最终实现双赢。职业指导在进行人才资源的合理配置的过程当中，起到了非常重要的导向作用，其重点内容就是实现人与职的和谐发展。

3. 援助作用

作为职业指导中的一项非常重要的工作，对一些就业困难的群体进行帮扶工作，主要是指帮助他们深入分析自身就业困难的原因，以及帮助他们思考自身为解决相关问题应当实施的对策，相关工作人员应对毕业生进行有针对性的职业指导，增强其抗挫折的能力，帮助其选择适合自身的职业，最终有效促进就业困难团体进行就业。职业指导的主要工作就是让高校毕业生能够不断深入发展自身的个性与潜能，培养其择业能力，使其能够更好地了解社会与自己，并且这些工作有助于促进高校就业群体的身心健康发展，需要注意的是，高校的职业指导能够让相关就业困难的群体更好地学会选择与面对。

总而言之，在经过职业指导之后，能够更好地寻找到适合发挥自身特长的就业方向，能够对现阶段的就业市场进行深入的了解，从而为之后的就业做好准备，而且在接受职业指导之后，相关毕业生能够建立起更加完善的就业观念，就业困难团体也能够更好地做出适合自身的职业生涯规划。

第三节 基于数据化思维探究毕业生就业指导工作

伴随着计算机技术与互联网科技的发展，现代社会是一个属于大数据的时代，而且高校的相关工作也面临着大数据时代的机遇与挑战。作为高校仍在培养中最为重要的一部分，如何利用数据化思维实现高校毕业生的就业指导工作，就是之后高校就业指导工作者的一项非常重要的任务。

一、大数据时代

现阶段，人们并没有对大数据进行一个准确的定义，大数据所指的是那些数据量规模十分庞大，且在合理的时间内人工没有办法将其处理为人类能够解读的消息。大数据的来源多样，其特征主要为数据量大、速度快、时效高等。

伴随着大数据的应用越来越多，现代社会逐渐迎来一场巨大的改变。就比如在医疗行业，医生能够根据病人的日常生活规律与饮食习惯等信息进行数据分析，从而为其提供良好的治疗方案；在零售行业，厂商能够对消费者进行消费习惯的分析，从而优化自身的战略布局；在金融行业，可以根据企业年报与财务报表等经济数据的深入分析，确定合适的投资行为；不止如此，政府与公共事业等也能够使用大数据更好地完成各项事务管理。另外，大数据也能够帮助人们更好地改善自身的生活方式，就比如能够利用大数据选择更为优质且廉价的商品，或者是在出行的时候使用大数据选择更为便利的路线，等等。

二、数据化思维在高校毕业生就业指导中的应用背景

随着大数据的影响不断增大，现在对人们的日常生活与各个领域的发展，还有高效的工作等，深受其影响。由此，为高校毕业生所开展的职业指导工作，也应当从数据化的思维出发开展，而且现阶段的高校毕业生对网络与大数据也比较熟悉，更愿意从网络中获取适合自己的就业信息。毕竟，传统形式的就业指导工作效率较为低下，已经不能适应现阶段的高校毕业生的就业需求，他们所需要的就业指导应当更加细致，更加深入，有相当规模的数据进行支撑，所以就需要高校在开展就业指导工作的过程当中，相关工作者具有数据化思维。在开展就业指

导工作的时候，相关工作者要对往年的数据进行搜集整理，之后进行深入分析，并对未来行业的就业情况进行预测，从而更好地为高校毕业生进行就业指导。在此过程当中，还需要将网络上的各种就业信息进行分辨处理，剔除其中的不良信息，避免高校毕业生被其误导，更好地帮助高校毕业生选择适合自己的发展道路。

三、数据化思维在高校毕业生就业指导中的应用

传统形式的高校就业指导工作，经常情况下是通过课堂授课的方式开展的，但是授课内容不够细致，有些时候甚至不符合当前的社会发展现状。而且，现阶段的很多大学生更加倾向于在互联网上找寻就业信息。在这个大数据发展迅猛的时期，传统形式的就业指导工作已经不能够满足高校毕业生的发展需要，学校应当建立起就业信息的数据库，搜集整理毕业生的就业信息数据，并对其进行分析，最终将分析结果应用在毕业生的就业指导工作当中，从而帮助毕业生更好地找到适合自己的工作。不仅如此，高校还能够对往年的毕业生就业相关的数据进行深入分析，从而发现相关的就业规律，最终，更为有效的帮助毕业生解决在就业过程当中遇到的问题，甚至于还能够预测将来的就业发展趋势，为高校的就业工作提供合适的参考。在后面作者将从用人单位的招聘情况以及毕业生的求职情况和毕业生的流向情况三个方面，对相关数据进行深入分析，从而更好地为高校毕业生提供合适的就业指导。

（一）用人单位招聘情况分析

高校就业指导工作人员依据数据化思维对历年来的用人单位的各项招聘信息进行统计分析，从而得出相应的就业规律，以及确定当前社会对于人才的需求，从而制订出符合发展规律的高校的就业指导工作计划并依此开展就业指导工作。就比如按照招聘的淡季与旺季的规律，对就业指导的工作时间进行合理的安排，其中，可以在招聘的旺季与各个优秀的企业进行交流，使得相关企业能够在高校开展招聘会与宣讲会，更好地解决高校毕业生的就业问题。在招聘的淡季，高校就业指导工作人员可以对高校毕业生进行与就业相关的指导培训，明确当前的就业形势，开展有针对性的就业指导工作，更好地帮助其完成就业。相关工作人员

还需要依据数据化思维，对当前各招聘岗位的分布比例与热门专业的需求进行分析，使得学生能够对当前的就业形势有着一定的了解，在了解到自己的对口行业之后，能够在就业的时候有针对性地选择适合自己的行业，减少不必要的问题。与此同时，还需要注意的是，对于高校的教育改革来说，也是一个非常有帮助的数据支撑，能够让高校在进行学生培养的时候有所侧重，从而为社会提供更多的优秀的人才。

（二）毕业生求职情况分析

依据数据化思维，对高校毕业生的求职情况进行深入分析，就能够更好地对高校毕业生的求职动机、求职过程中需要考虑的各项因素，以及高校毕业生对学校自身的就业指导工作的满意程度等信息进行分析总结，从而更好地促进高校的就业指导工作的创新与发展。对于从事高校就业指导工作的教师来说，能够根据以上信息对高校毕业生的就业观念进行引导，确保其能获得良好的作业结果。很多时候，高校毕业生会因为缺乏社会阅历等问题，在择业的时候很难根据自身的情况与所选单位的发展前景等进行合理的选择就业，这个时候就需要高校教师对其进行耐心细致的就业指导。

（三）毕业生流向情况分析

一般情况下，高校对于自己所培养的毕业生，在毕业之后的流向情况进行分析，就能够获得相应的就业数据，从而更好地了解当前社会条件下，对于各方面的人才的需求情况，最终，更好地帮助高校自身完成教育改革。在经过调查分析之后，高校对于那些招聘毕业生较多的单位，可以进行积极的沟通，并邀请这些单位到学校进行宣讲会与招聘会，从而更好地帮助高校毕业生实现就业。高校可以为毕业生提供较多的关于热门行业的信息支持，将这一行业未来的发展前景与晋升情况等关联要素进行详细的讲解。在对高校毕业生在毕业之后行业领域等流向情况进行深入分析之后，对当前毕业生所面临的就业问题进行详细而深入的就业指导，而且高校还可以，在为毕业生进行就业指导的过程当中对单位、地域、行业等进行重点讲解，从而更好地为高校毕业生解决就业难题。

但随着近年来高校的扩招与时代的飞速发展，就业形势逐渐变得严峻，所以说现阶段为高校毕业生提供就业指导工作已经成为高校工作当中的重点。一般而言，高校毕业生的就业指导工作，可以有以下几种形式，比如，首先对高校自身往年毕业生的就业相关的数据，进行搜集整理与深入分析研究，并根据研究结果，对将来的毕业生的就业前景进行预测，根据相关预测结果，对于那些就业较为困难的专业或者学生提前进行就业指导，为其设立具有针对性的就业指导方案，为解决相关就业指导难题，可以根据过往的一些就业案例进行深入分析研究，并将这些案例作为之后的就业指导的案例分析，为学生进行讲解。

在大数据飞速发展的时代，高校可以通过数据化思维为高校毕业生的就业提供发展方向，据此，可以对用人单位招聘、毕业生求职等数据进行总结，并根据总结之后的数据结果，及时发现毕业生在就业过程中所遇到的问题，从而更好地为毕业生提供合适的、有针对性的就业指导服务，最终为高校的教育改革与创新提供可靠的数据支撑，由此，就能够更好地提升高校的教学质量与高校毕业生的就业质量，使得更多有用的人才为我们的社会添砖加瓦。

参考文献

[1] 王鑫，陶思亮，朱惠蓉."三全育人"视域下高校辅导员的育人角色与实现路径 [J].思想理论教育，2020（05）：87-91.

[2] 张娜，于成文.北京高校辅导员情感劳动的实践机制 [J].北京社会科学，2022（03）：25-33.

[3] 李琳琳，陆树程.人本主义教育思想观照下高校辅导员素质能力提升探究 [J].学校党建与思想教育，2021（23）：64-66.

[4] 王彦庆，刘佳鑫."三全育人"视域下高校辅导员的角色定位与实现路径 [J].黑龙江高教研究，2021，39（11）：143-147.

[5] 谯利平.新时代高校辅导员研究的热点主题和未来展望 [J].江苏高教，2021（10）：85-89.

[6] 张楠.时间观念视角下高校辅导员工作状况研究 [J].思想理论教育，2021（09）：99-105.

[7] 冯刚.深化新时代高校辅导员队伍专业化职业化建设的逻辑理路 [J].高校辅导员，2021（02）：8-13.

[8] 王海宁.高校辅导员队伍专业化职业化建设的现实审视与优化路径——基于全国 4000 余名高校辅导员的问卷调查 [J].思想教育研究，2020（12）：151-155.

[9] 杨智勇.高校辅导员"双线"晋升的现实制约与解决路径 [J].思想理论教育，2020（12）：107-111.

[10] 盛春.新时代高校辅导员队伍专业化建设路径探析 [J].江苏高教，2020（12）：118-122.

[11] 农春仕.工匠精神融入高校辅导员职业能力提升的路径研究 [J].江苏高教，2020（10）：115-118.

[12] 梅晓芳.高校辅导员工作室：共同体视域下辅导员专业化发展的新向度 [J].

江苏高教，2020（07）：120-124.

[13] 陈帅，叶定剑，张碧菱，等 . 构建高校辅导员谈心谈话长效机制探析 [J]. 学校党建与思想教育，2020（12）：56-58.

[14] 冯刚 . 持续推进高校辅导员队伍专业化职业化建设 [J]. 高校辅导员，2020（03）：3-7.

[15] 杨建义，吴新菊 . 新时代高校辅导员政治引领的任务、挑战与提升路径 [J]. 思想理论教育，2020（04）：86-91.

[16] 耿品，彭庆红 . 新中国成立以来高校辅导员角色的发展演变 [J]. 学校党建与思想教育，2020（03）：81-85.

[17] 程琼，王洛忠 . 新时代高校辅导员核心素养的价值、构成与培育 [J]. 学校党建与思想教育，2020（03）：86-89.

[18] 刘宏达，穆帆 . 提升高校辅导员大数据素养的时代价值与实施策略 [J]. 思想理论教育，2019（10）：97-102.

[19] 彭庆红，耿品 . 新中国成立 70 年来高校辅导员队伍建设的历史进程、总体趋势与经验启示 [J]. 思想理论教育导刊，2019（08）：132-137.

[20] 胡忠浩 . 高校辅导员队伍高质量发展的时代意蕴、内涵特征及实践路径 [J]. 学校党建与思想教育，2021（19）：81-84.

[21] 王显芳，任雅才，亓振华 . 新时代高校辅导员队伍专业化发展的理论逻辑和现实路径 [J]. 思想教育研究，2019（04）：132-135.

[22] 蒋立峰 . 新时代高校辅导员队伍专业化专家化路径探索 [J]. 思想理论教育，2019（04）：91-94.

[23] 李思雨 . 高校辅导员工作成效研究 [D]. 重庆：西南大学，2018.

[24] 曹威威 . 高校辅导员职业生涯发展研究 [D]. 长春：东北师范大学，2017.

[25] 李建伟 . "大思政" 视域下的高校辅导员角色探析 [J]. 国家教育行政学院学报，2017（05）：51-57.

[26] 张立鹏 . 应然·实然·适然：我国高校辅导员角色的三维考量 [D]. 石家庄：河北师范大学，2015.

[27] 黄洁 . 高校学习型辅导员队伍建设研究 [D]. 南京：南京师范大学，2016.

[28] 史仁民. 高校辅导员专业发展研究 [D]. 大连：辽宁师范大学，2014.

[29] 赵海丰. 高校辅导员制度的演进与发展趋势研究 [D]. 沈阳：辽宁大学，2014.

[30] 赵春莉. 高校辅导员开展思想政治教育工作创新研究 [D]. 长春：吉林大学，2014.